Anonymus

Katechetischer Veterinär-Unterricht über die äußern

Pferdekenntniß,

Krankheits und Heillehre, Wart, Pflege, die üblen Gewohnheit, Maisch und

Livonakverhältnisse Notverbandlehre und die nöthigen Maßregele beim

Beschlagen der Pferde

Anonymus

Katechetischer Veterinär-Unterricht über die äußern Pferdekenntniß,
Krankheits und Heillehre, Wart, Pflege, die üblen Gewohnheit, Maisch und Livonakverhältnisse Notverbandlehre und die nöthigen Maßregele beim Beschlagen der Pferde

ISBN/EAN: 9783743321137

Hergestellt in Europa, USA, Kanada, Australien, Japan

Cover: Foto ©ninafisch / pixelio.de

Manufactured and distributed by brebook publishing software (www.brebook.com)

Anonymus

Katechetischer Veterinär-Unterricht über die äußern Pferdekenntniß,

Katechetischer

Veterinär-Unterricht

über

bie äußere Pferdekenntniß, Krankheits- und Heillehre, Wart, Pflege, die üblen Gewohnheiten, Marsch- und Bivouakverhältnisse, Nothverbandlehre und die nöthigen Maßregeln beim Beschlagen der Pferde.

Für

Cadeten, Unteroffiziere, Schmiede, Pferdewärter und sonstige Liebhaber dieser Hausthiere,

verfaßt von

K. Ableitner,

k. Regiments-Veterinärarzt.

Dillingen 1866.

Druck von L. Holzhauser.

Vorwort.

Viele Jahre hinburch machte der Verfasser die Beobachtung, daß bei dem zu ertheilenden Unterrichte über äußere Pferbekenntniß, Wart, Pflege, nebst der nöthigen Krankheits= und Heilkenntniß an die Cabeten, Unteroffiziere, es immerhin schwer ist, aus den zerstreut liegenden Gegenständen das praktisch Brauchbare heraus= zufinden.

Aus diesem Grunde und den nicht immer zugäng= lichen Vorschriften über diese Unterrichtsstoffe für die betreffenden Personen, faßte er die in verschiedenen Büchern abgehandelten Materialien der manigfaltigen Zweige der Pferbekunde kurz zusammen, brachte sie in ein System, welches mehr der praktischen Seite und dem Fassungsvermögen der Lernenden angepaßt ist und hier in diesem Compendium zusammengetragen, niebergeschrieben wurde.

Aehnliche Abhandlungen waren seiner Zeit schon vorhanden, dieselben sind aber theils veraltet, nicht mehr zu haben; theils aber auch zu einseitig, nicht bekannt und die selbst zum Unterrichte noch benützt werdenden entweder unvollständig, oder zu weit aus=

1*

gedehnt und dann wieder zu enge gefaßt, wo der eine Gegenstand zu umfassend und der andere gar nicht berücksichtiget wurde.

Die hier vorgetragenen Lehrstoffe sind in kate=chetischer, d. h. in Frage=und Antwortform gehalten, wobei dem Lehrer immerhin der Spielraum in's Detail einzugehen gelassen ist, und der Schüler wird das in dieser Form Vorgetragene und durch eigene Anschauung am Pferde selbst Beobachtete, sowohl in belehrender, aber noch mehr in praktischer Beziehung am besten verwerthen können und den meisten Nutzen daraus zu ziehen wissen.

Der Verfasser.

Sämmtliche Unterrichtsgegenstände umfassen:

A. Das Aeußere des Pferdes mit der Eintheilung des Pferdekörpers, Benennung der einzelnen Körpertheile, Stellungen, Bewegungen und Gangarten, Alter, Größe und Körperbeschaffenheit mit darnach gerichteter Leistungsfähigkeit der Pferde im gesunden Zustande zu militärischen Zwecken; damit im Zusammenhange

B. Die äußerlich am Pferde vorkommenden Krankheiten als: Verletzungen, Wunden, Geschwülste, Sattelbrücke, Lähmungen, und dergleichen weitere Gebrechen mit Gebrauchsanweisung der nothwendigen Heilmittel.

C. Die am häufigsten innerlich vorkommenden Krankheiten als: Fieber, Druse, Koliken, Lungen und andere Entzündungen mit den dagegen erforderlichen Heilmitteln und der zu leistenden Nothhilfe.

D. Die Nothverbandlehre, wo bei den lebensgefährlichen Verwundungen für den Augenblick ärztliche Hilfe nicht vorhanden ist und von diesem erforderlichen Behelfe selbst das Leben des Reiters abhängig gemacht werden kann.

E. Die Kenntniß von den üblen Gewohnheiten des Pferdes im Stalle, und außer demselben während des Dienstes.

F. Die Beobachtung und stets im Auge habende Rücksicht der die Gesundheit bedingenden Einflüße mit zweckentsprechender Wart, Pflege, Fütterung, Reinigung der Körperoberfläche u. s. w.

G. Das Verfahren und die Behandlungsweise zur möglichsten Erhaltung der Gesundheit der Pferde auf Märschen, bei Einquartierungen, Cantonnirungen, Bivouak, Ordonnanz und Vorpostendienst.

H. Die zu verhaltenden Maßregeln, welche der Unteroffizier und Soldat beim Beschlagen der Pferde zu beobachten hat.

Aeußere Pferdekenntniß,

mit den damit äußerlich am Körper vorkommenden Gebrechen, Krankheiten, Ursachen und Heilung derselben.

1. Worin besteht die Lehre der äußeren Pferdekenntniß?

Die Lehre vom Aeußeren des Pferdes enthält die Kenntniße, Regeln und Grundsätze über den Bau und die äußere Beschaffenheit des Pferdes, wo dasselbe sowohl seiner Schönheit als Güte und Brauchbarkeit nach, zu irgend einem Zwecke, dem Reit- oder Zugdienste, beurtheilt wird.

2. Was ist der Bau und die äußere Beschaffenheit des Pferdes?

Das Pferd als Ganzes betrachtet ist aus Knochen, Knorpeln, Bändern, Muskeln (Fleischbündeln), Häuten, Drüsen, Adern, Nerven, Horn, Haaren zusammengesetzt, die miteinander verbunden den Bau deßselben ausmachen und zur näheren Bezeichnung wieder in verschiedene Theile abgetheilt werden, die je nach ihrer

Lage, besseren oder schlechteren Zusammenstellung und Verbindung die Beschaffenheit ausmachen.

3. Wie wird das Pferd demnach eingetheilt?

Man theilt das Pferd in drei Haupttheile, diese wieder in Nebentheile und letztere in Einzeltheile ab.

Zu den Haupttheilen gehören:

1) Das Vordertheil (Vorhand), welches sich beim Reiter vor der Hand befindet.

2) Das Mitteltheil, Körper (Leib).

3) Das Hintertheil, (Nachhand) welches sich hinter dem Reiter befindet.

4. Aus welchen Nebentheilen ist das Vordertheil zusammengesetzt?

Das Vordertheil besteht aus: 1) dem Kopf; 2) dem Hals; 3) dem Widerrist; 4) der Brust; und 5) den vorderen Gliedmassen.

5. Aus welchen Theilen besteht der Kopf?

Von oben nach abwärts ist der Kopf aus 1) dem Genick; 2) den Ohren; 3) dem Vorkopf; 4) der Stirne; 5) den Schläfen; 6) den Augengruben; 7) den Augenbogen; 8) den Augen; 9) der Nase und den Nasenlöchern; 10) den Backen; 11) den Wangen oder Ganaschen; 12) den vorderen Kinnbacken; 13) dem Maul; 14) dem Kinn und 15) dem Kehlgange zusammengesetzt.

a) das Genick oder der Scheitel ist der zwischen den Ohren liegende und vom Schopf bedeckte Theil, er hat das Oberhauptsbein zur Grundlage.

b) die Ohren bilden die äußeren Theile der Gehörwerkzeuge; die im Inneren stehenden langen Haare

halten das Einfallen von Staub, Insecten, sonstige
fremde Körper und zu heftige Schallstrahlen ab, da=
her dürfen sie nicht ausgeschoren werden; große Ohren
sind unschön und heißen Eselsohren; die kleinen spitzi=
gen nennt man Mausohren und gelten für schön,
eng und hochstehende heißen Hasenohren.

c) Vorkopf oder Hirnschale nennt man die Gegend,
welche vom Genick bis zum Anfang der beiden Augen=
bogen herabgeht und seitlich von den Schläfen und
Schläfegruben begrenzt wird.

d) Die Stirne ist die Fortsetzung vom vorigen und
reicht bis zum inneren Winkel der beiden Augen und
seitwärts bis zum Anfang der Augenbogen und hat
die größere untere Hälfte der Stirnbeine zur Grund=
lage.

e) die Schläfen liegen beiderseits des Vorkopfes
zwischen den Ohren und der Schläfegrube und schlie=
ßen das Untertiefergelenk in sich ein.

f) Die Augen= oder Schläfegruben sind runde Ver=
tiefungen, welche über den Augenbogen liegen.

g) Die Augenbogen werden von den Augenbogen=
fortsätzen der Stirnbeine gebildet und geben die Grund=
lage zur Augenhöhlenwand.

h) Die Augen sind die Werkzeuge des Gesichtssin=
nes, welche aus verschiedenartigen Theilen zusammen=
gesetzt sind und in die äußeren und inneren unter=
schieden werden.

i) Die Nase reicht von den Augen bis zu den
Nasenlöchern herab und hat zur Grundlage die zwei
Nasenbeine; die Nasenlöcher bestehen aus dem äußeren
Flügel mit einem concaven und dem inneren mit
einem convexen Rand, dann haben sie eine innere und

äußere Fläche, sowie einen oberen und unteren Winkel und bildet ein Knorpel die Grundlage; außen stehen die Fühl= oder Tast= und innen die längeren Deckhaare zur Abhaltung von Staub, Insecten 2c.

k) Die Backen liegen seit= und aufwärts von den Lippenwinkeln und reichen bis an die Wangen und werden von Muskeln, Häuten 2c. gebildet.

l) Die Wangen oder Ganaschen liegen seitwärts des Kopfes und werden von dem oberen Theil der hinteren Kinnlade und dem Jochmuskel gebildet und schließen den Kehlgang in sich ein.

m) Die vorderen Kinnbacken liegen unter den Augen, zwischen der Nase und Kieferleiste und werden von den Thränen= Joch= und großen Kieferbeinen gebildet, und schließen die Kinnbacken= oder Kieferhöhle in sich ein.

n) Das Maul= wird von dem Vorder= und Hinter= kiefer und auf den Seiten von den Backen gebildet und enthält die Zunge, den Gaumen und die Zähne; die Lippen, welche das Maul von außen bilden, werden in eine vordere (obere) größere, und in eine hintere (untere) kleinere eingetheilt.

o) Das Kinn liegt in der Mitte der Hinterlippe und ist eine derbe, runde Erhabenheit; oberhalb dieser liegt die Kinnkettengrube, wo man öfters in deren Mitte eine linienförmige scharfe Gräte des Knochens findet, welche die Kinngräte heißt und die Empfind= lichkeit für die Kinnkette vermehrt.

p) Der Kehlgang ist ein dreieckiger Raum zwischen den zwei Aesten des Hinterkieferknochens, rückwärts am Kopfe.

6. Welches sind die wichtigsten Einzeltheile am Kopfe?

Von den Einzeltheilen sind beim Pferd das Genick, die Augen, die Nasenlöcher und Höhlen, die im Maule vorhandenen Gebilde und der Kehlgang besonders zu berücksichtigen.

7. Wie soll das Genick gebaut und beschaffen sein?

Das Genick muß wegen der auf dasselbe zu kommenden Lagerung des Kopfgestelles und des vortheilhaften Ansatzes des Kopfes am Halse, ziemlich lang und breit gebaut sein, eine feste derbe und kräftige Muskulatur besitzen, starke Bänder haben, ohne daß dadurch die allseitige und leichte Beweglichkeit des Kopfes am Halse verloren geht.

8. Welche Verletzungen und Krankheiten kommen am Genicke vor?

Bei unzweckmäßiger und fehlerhafter Lagerung des Kopfgestelles, durch Anstoßen des Genickes an harte und feste Gegenstände c. entstehen Quetschwunden, Entzündungsgeschwülste, die sogenannte Maulwurfsgeschwulst, Geschwüre und lebensgefährliche Fistelgänge.

9. Welche Hilfsmittel sind bei diesen Leiden anzuwenden?

Bei diesen Verletzungen, sowie überhaupt bei jeder Krankheit, wo der Reiter ohne ärztliche Hilfe sich selbst überlassen ist, hat er zunächst die die Krankheit verursachenden Gegenstände zu entfernen. Auf die Geschwülste sind dann, wenn sie empfindlich, schmerzhaft, warm oder gar heiß sich anfühlen, anfangs anhaltende Ueberschläge von kaltem Wasser, Schnee oder Eis, 36—48 Stunden lang anzuwenden. Ist die entzündliche Anschwel-

lung vorüber, so kann zur Zertheilung und Auffaug-
ung der Geschwulst, zu 6 Theil Wasser, 2 Theil Essig und ein Theil Fruchtbranntwein untereinandergemengt,
und täglich 3 bis 4mal die leidende Stelle damit eingerieben werden.

Sind aber Krusten, Schorfe oder Brandflecken vorhanden, so müssen dieselben mit reinem, wo möglich
frischem Schweinefett, Butter oder sonstigen fetten
Oelen eingerieben oder erweicht werden. Die Maulwurfsgeschwulst, welche sehr umfangreich und schmerzhaft ist, sowie Geschwüre und Fistelgänge werden durch
den Arzt behandelt und darf baldige Hilfe nicht aus-
bleiben.

10. Was ist an den Augen zu bemerken und wie müssen
sie im gesunden Zustande beschaffen sein?

Zu den äußeren Theilen des Auges gehören: Die
Augenlieder mit den Wimpern und Borsten, die Thrä-
nenfarunkel und Drüse, Blinz und Bindehaut; und
zu den inneren der Augapfel.

Der Augapfel ist aus Häuten und Flüssigkeiten
zusammengesetzt. Erstere sind 1) die durchsichtige und
2) die undurchsichtige Hornhaut; 3) die Regenbogenhaut; 4) die Aderhaut; 5) die Netzhaut. Letztere
bestehen 1) in der wässerigen Feuchtigkeit, welche die
beiden Augenkammern ausfüllt; 2) der Krystall-Linse
mit ihrer Kapsel; und 3) dem Glaskörper, welche in
der hinteren Augenkammer liegen.

Die Regenbogenhaut ist eine kreisrunde, feine, sehr
reizbare Haut und im Mittelpunkte mit einer länglicht
runden, querliegenden Oeffnung versehen, welche Augen-
stern (Pupille) genannt wird. Oben und unten an

der Pupille sitzen die sogenannten Schwämmchen (Trau-
ben) die Pupille ändert sich je nach der Stärke des
Lichtreizes, erweitert sich nämlich bei schwachen und
verengert sich beim Einfallen des stärkeren Lichtes.

Im gesunden Zustande haben die Augen ein klares,
helles, glänzendes, durchsichtiges, feuchtes Aussehen;
die Bindehaut der Augenlieder ist von rosenrother
Farbe und mit einem klaren schleimigen Ueberzug versehen.

11. Welche äußerlichen Krankheiten kommen an den Augen
vor?

Zu den äußerlichen Krankheiten der Augen zählt
man die Entzündungen der Augenlieder, die sich aus
der Anschwellung derselben, der vermehrten Wärme,
der höheren Röthe, dem Thränenfluß und der Lichtscheue, sowie der Trübung der durchsichtigen Hornhaut
am Augapfel erkennen lassen und werden meistens
durch das Ab- und Einziehen der Halstern, Beißen
nebenstehender Pferde, Einstoßen von Heu- und Stroh-
halmen, Einfallen von Staub oder Verletzungen an
harten Gegenständen, sowie durch Mißhandlungen von
Seite roher Pferdewärter, verursacht.

12. Wie ist diese Augenentzündung zu behandeln?

Die Augenentzündung, durch äußerliche Ursachen
veranlaßt, erfordert, daß die Pferde in einen dunkeln
Ort oder Stall gestellt werden; alsdann müssen kühlende Bäder von reinem frischen Wasser anhaltend,
oder von 3 zu 3 Stunden, ½ Stunde lang, mit
leinenen Lappen, welche zwei- bis dreifach zusammen
und auf das Auge gelegt, gemacht werden, bis die

Hitze, Schwellung und Lichtscheue, sowie die Trübung verschwunden und die Heilung eingetreten ist.

13. Kommen an den Augen noch andere Entzündungen vor?

Außer diesen Entzündungen, die durch mechanische äußere Einwirkungen veranlaßt werden, kommen noch andere, die durch Verkältung oder innerliche Ursachen entstehen, zum Vorschein, und werden katarrhalische oder rheumatische Augenentzündungen genannt. Die ersteren kommen bei jungen Pferden (Remonten), bei vorhandener Druse oder in Folge des Zahnwechsels vor und geben sich durch Absonderung von käsartig schleimig schmieriger Flüssigkeit in den Augenwinkeln zu erkennen. Die rheumatischen dagegen entstehen durch Verkältungen oder beruhen auf inneren Ursachen und zeigen sich durch erhöhte Schmerzen, Lichtscheue und leidende Eingenommenheit des Thieres selbst.

14. Welche Behandlung erfordern diese Augenentzünd-ungen?

Die katarrhalisch-rheumatischen Augenentzündungen dürfen nicht mit kaltem Wasser behandelt werden, son-dern bei diesen Leiden werden warme, zertheilende und schmerzstillende Bäder angewendet, wozu Aufgüsse von Chamillen-, Hollunder- und Lindenblüthen, oder Ab-kochungen von Huflattig-, Althaeen- oder Bilsenkraut sich am besten eignen.

15. Welche anderen Krankheiten findet man noch an den Augen?

Außer den angegebenen Leiden der Augen kommen noch die veraltete oder chronische Augenentzündung ober die von Zeit zu Zeit wiederkehrende sogenannte Mondblindheit; dann die verdunkelte Hornhaut (Flecken), das Schwinden der Augäpfel oder der grüne, graue und schwarze Staar vor. Diese Uebel müssen vom Arzt behandelt werden.

16. Dürfen auch andere Mittel als die angegebenen bei Augenleiden in Anwendung kommen?

Es ist nicht gestattet, daß z. B. aufgelöste Pulver in Wasser oder solche in trockener Form in die Augen geblasen oder selbst Salben vom Pferdewärter angewendet werden, denn es würde dadurch nur Schaden gestiftet und der heilende Zweck verfehlt.

17. Welchen Zweck haben die Nasenlöcher und Höhlen, wie sollen dieselben im gesunden Zustande beschaffen sein?

Die Nase, Nasenlöcher und Höhlen enthalten diejenigen Räume, durch welche die atmosphärische Luft in die Lungen strömt und in Folge des Durchzuges vorbereitet und erwärmt wird: sie müssen daher die gehörige Weite und Tiefe haben und dürfen nicht mit krankhaften Produkten von verdichtetem mißfarbigen Schleim, oder polypenartigen Auswüchsen verstopft sein. Die Schleimhäute haben im gesunden Zustande eine rosenrothe Farbe und sind glatt glänzend und feucht. Beim ruhigen Athmen und mäßiger Bewegung des Pferdes dürfen die Nasenflügelbewegungen kaum bemerkt werden.

18. Welche krankhaften Erscheinungen kommen in den Nasenhöhlen vor?

Die von Außen zugänglichen und sichtbaren Schleimhäute, wechseln bei verschiedenen Krankheitszuständen die Farbe und erscheinen je nach diesen entweder bläßer

ober höher geröthet — können auch mitunter verwun=
bet und mit Geschwüren besetzt sein; dann findet man
zuweilen Ausflüße von wässeriger Feuchtigkeit, käsar=
tiger, grüner, grauer, blutiger, stinkender Flüssigkeiten,
die immer als die Merkmale von verdächtigen ansteden=
ben Krankheiten anzusehen sind.

19. Welche Vorsichtsmaßregeln sind bei solchen Fällen zu be=
obachten?

Wenn Pferde mit solchen Nasenausflüßen behaftet
sind, so müssen dieselben allein gestellt, für sich ge=
füttert, getränkt und geputzt werden und dürfen mit
andern Pferden, wegen der leicht zu übertragenden
Ansteckung, in keine Berührung mehr kommen.

20 Was für Werkzeuge kommen im Maule vor, und
welchen Nutzen haben sie für das Pferd?

Im Maule des Pferdes sind die Zähne, die Zunge
und die Laden von besonderem Werthe, sowohl für
das Pferd als für den Dienst, wozu dasselbe vom
Menschen verwendet wird. Die Zähne sind kleine,
sehr harte Knochen, welche theils in den Kieferbeinen,
theils in der hinteren Kinnlade vollkommen feststecken
und die Pferde damit das Futter theils abbeißen, zu sich
nehmen und theils zerkauen, zermalmen und so zur
Verdauung vorbereiten. Ferner ist aus den Zähnen
das Alter des Pferdes zu erkennen.

21. Wie ist aus den Zähnen das Alter zu bestimmen?

Um das Alter angeben zu können, muß man auf
den Ausbruch, das Entstehen der Zähne beim Fohlen,
auf das Wechseln der erst entstandenen Zähne, das
Abreiben und Verschwinden der Bohnen oder Kunden,
und auf die Formveränderung derselben Rücksicht neh=
men.

22. Wann bekommt das Fohlen Zähne, wie alt ist es beim Ausbruche derselben und wie werden diese Zähne genannt?

In der Regel hat das Fohlen bei der Geburt nur die unteren Backzähne und erst im Verlaufe von 8—14 Tagen brechen paarweise die mittleren Schneidezähne, die man Zangen nennt aus; nach 4—6 Wochen kommen die nächst an den Zangen stehenden, die Mittelzähne genannt, zum Vorschein oder Ausbruche und erst in der Zeit von 6 bis 8 Monaten entstehen die letzten Schneidezähne, welche Eckschneidezähne genannt werden. Die nun an der Zahl vollständig vorhandenen Schneidezähne, wovon 6 im Vorder- und 6 im Hinterkiefer stehen, sowie die theilweise zum Ausbruch gekommenen Back- oder Stock-Zähne — 6 im Ober- und 6 im Unterkiefer — nennt man Milch oder Fohlenzähne.

23. Wann tritt der Wechsel der Milchzähne ein und wie werden dann die Ersatzzähne genannt?

Mit 2½ bis 3 Jahren wechseln oder fallen die Zangen = mit 4 Jahren die Mittelzähne und mit 5 Jahren die Eckschneidezähne — im Vorderkiefer in der Regel etwas früher als im Hinterkiefer — aus, ebenso die drei unteren Backzähne auf jeder Seite. An die Stelle der ausgefallenen schieben stärkere, kräftigere Zähne nach, die man Ersatz- oder Pferdezähne nennt. Die Milchzähne sind kürzer, weißer und platter als die Pferdezähne, welche gelber, breiter und tiefer gefurcht sind.

24. Wie viele Zähne hat nun das ausgewachsene Pferd und wie theilt man sie ein?

Mit 5 Jahren ist der Wechsel der Zähne beendet und die nicht wechselnden Zähne, wozu die Hacken

und die drei oberen Backzähne auf jeder Seite gehören, welche auch bleibende Zähne genannt und nur
einmal erzeugt werden, sind vorhanden und das Pferd
ist ausgewachsen und mannbar.

Bei der Stute findet man nun 36 und bei den
Hengsten und Wallachen 40 Zähne, welche in 24 Stock-
oder Backzähne, 12 Schneidezähne und in 4 Hackenzähne eingetheilt werden.

Die Hackenzähne sind nur dem männlichen Pferd eigen
und kommen am Ende des vierten Jahres zum Vorschein.

25. Nach was beurtheilt man das Alter des Pferdes
nach 5 Jahren?

Die Zähne der Pferde werden von der Krone aus
abgerieben und schieben den Verlust von der Wurzel
aus nach — dadurch gehen die in der Mitte der Kron-
(Reib) fläche liegenden Bohnen oder Kunden fast regelmäßig in einem gewissen Alter verloren und zwar so,
daß man annehmen kann, daß dieselben bei den
Zangen mit 6, bei den Mittelzähnen mit 7 und bei
den Eckschneidezähnen mit 8 Jahren erloschen sind.
Nach dieser Zeit ist das Alter nur mehr unsicher und
aus der Formveränderung der Zähne zu erkennen, so
daß nach weiteren 6 Jahren, das ist mit 12 Jahren,
die Schneidezähne die ovale, mit 18 Jahren die drei-
eckige und mit 24 Jahren die zweieckige Form ange-
nommen haben.

26. Von welcher Beschaffenheit soll die Zunge sein?

Die Zunge besteht aus Muskeln, Drüsen und
Häuten, ist äußerst beweglich und darf wegen der
auf sie theilweise zu kommenden Lagerung der Stange
und Trense, weder zu dick, noch zu dünn, noch mit
Rissen, Wunden, Narben und Auswüchsen versehen sein.

27. Was sind die Laden, welchen Werth haben sie für das Pferd?

Die Laden sind zahnlose Ränder zwischen den Eckback-
zähnen und Hacken des männlichen, oder den Eckback-
und Eckschneidezähnen des weiblichen Pferdes; sie sind
von Werth deßwegen, weil das Stangengebiß darauf
ruht und die Hauptwirkungspunkte der Kopf= und
Körperbewegung davon abhängen.

28. Was versteht man unter Hart= oder Weichmäuligkeit
des Pferdes und worauf beruhen sie?

Die Beschaffenheit der Laden bringt es mit sich, ob
das Pferd hart= oder weichmäulig ist. Unter Hart-
mäuligkeit versteht man, wenn das Pferd in der Hand
des Reiters kein Gefühl zeigt, das heißt, beim Annehmen und Nachlassen der Zügel die Beweglichkeit
und Biegsamkeit des Kopfes nur schwer bewerkstelligt
werden kann. Dieses Uebel hat seinen Grund in den
stumpfen abgerundeten Rändern der Laden resp. des
Unterkieferknochens und wird noch gesteigert, wenn
keine Kinngräte an demselben vorhanden ist. Weichmäulig dagegen sind jene Pferde, die im Maule sehr
empfindlich und nachgiebig sind und schon beim leisesten
Annehmen des Zügels demselben auszuweichen suchen.
Dieser Umstand hat seinen Grund in den zu scharfen
schneidigen Rändern der Laden oder Kieferknochen und
wird verstärkt, wenn noch eine Kinngräte oder kleine
Zunge vorhanden ist.

29. Welche Verletzungen kommen an den Laden vor und
welche Mittel sind dagegen anzuwenden?

Durch unzweckmäßige und fehlerhafte Zäumung und
durch unrichtige rohe Führung des Pferdes können
Verwundungen der Laden entstehen, welche, wenn die

1*

schädliche Ursache nicht entfernt wird, sich so verschlimmern, daß Fistelgänge und Knochenverletzungen entstehen und selbst Splitter von den Kieferknochen abgestossen werden. Um dem Uebel vorzubeugen, muß zuerst die Ursache der Verwundung gehoben, das heißt zunächst eine Lageveränderung der Stange oder des Gebisses nach auf oder abwärts von der Verletzung vorgenommen und dann das Mundstück des Zaumes mit Leinwand oder einem sonstigen weichen Körper eingebunden werden. Die verwundeten Laden selbst werden mit frischem Wasser, welches mit etwas Essig vermischt oder mit Salz gesäuert ist, den Tag über öfters, besonders aber nach jeder Futterzeit rein ausgewaschen oder ausgepinselt und die weitere Heilung, wenn Knochensplitter sich losgetrennt haben, dem Arzt überlassen.

30. Was ist vom Kehlgang zu wissen erforderlich?

Der Kehlgang soll die gehörige Weite und Tiefe besitzen, damit bei der Beugung, dem Beinehmen des Kopfes, durch die Aufnahme der Kehle oder des unteren Halsrandes in denselben die Beweglichkeit nicht beeinträchtiget wird. Im Kehlgang kommen zuweilen wallnuß- bis faustgroße Anschwellungen vor, die entweder schmerzhaft, empfindlich und beweglich, oder hart, unempfindlich und die Zeichen von vorhandener Druse sind.

31. Worin besteht die Schönheit des Kopfes im Ganzen?

Beim schönen Pferdskopf müssen die einzelnen Theile desselben unter sich und mit dem ganzen Körper in einem richtigen Ebenmaß stehen. Dann soll der Kopf nicht zu groß, trocken, mager sein, eine scharfe, unten

ſpitz zulaufende Naſe, dünne Ganaſchen und einen of=
fenen Kehlgang haben.

32. Welche verſchiedenen Kopfformen gibt es?

1) Den geraden Kopf mit ebener und nur leicht nach
der Seite und den Augen hin gewölbter Stirne,
faſt gerader Naſe, großen und lebhaften Augen,
ausgefüllten Augengruben, weiten Naſenlöchern, fei=
nen Ganaſchen, kurzen und gut angeſetzten Ohren;

2) den Ramskopf mit gebogener Naſe und ſchwacher
Krümmung der Stirne;

3) den Schafskopf mit ſtark gebogener Stirn und
Naſe;

4) den Hechtkopf mit eingedrücktem Naſenrücken;

5) den Schweinskopf mit eingeſenkter Stirne und Naſe,
abſtehenden Ohren und plumpen Ganaſchen;

6) den Ochſenkopf mit unmäßig breiter Stirne, ab=
ſtehenden ſchweren Ohren, dicken Ganaſchen und
Lippen;

7) den Eſelskopf, größer und ſchwerer wie der vorige;

8) den trockenen Kopf mit derben Muskeln, feiner
Haut, deutlich ſichtbaren Blutadern; gehört unter
die beſten;

9) der fleiſchige Kopf iſt das Gegentheil vom vorigen
und daher fehlerhaft.

33. Was iſt der Hals und welche Theile ſind an dem=
ſelben zu berückſichtigen?

Der Hals verbindet den Kopf mit dem Körper des
Pferdes und nimmt ſeinen Anfang am Genick und
reicht bis zum Widerriſte, die Bruſt und beide Schul=
tern. Derſelbe iſt aus 7 Halswirbeln, dem Nacken=
bande, vielen Muskeln, Blutgefäßen, Nerven ꝛc. zu=

sammengesetzt und wird in den oberen Rand (Kamm), den unteren Rand (Kehle) und die beiden Seiten= flächen eingetheilt. Der Hals darf weder zu lang, noch weniger zu kurz, nicht zu dünn, nicht zu dick, fleischig, fett oder speckig sein und soll einen guten An= und Aufsaz haben, das heißt er muß vom Wi= derriste in einer gelinden Vorbiegung aufsteigen, all= mählig, je näher er dem Kopfe zukommt, schmäler werdend, sich sanft zuwölben und mit dem Kopfe leicht beweglich in Verbindung stehen.

Zu beiden Seiten des Halses, zwei bis drei Zoll vom unteren Rande aufwärts, verlaufen die Halsblut= adern, unter denselben die Halsschlagadern und zwischen beiden der Schlund und die Luftröhre; durch ersteren geht das gekaute Futter in den Magen und durch letztere die atmosphärische Luft in die Lungen. An den beiden Halsblutadern, welche oberflächlich unter der Haut liegen und durch angebrachten Druck mit den Fingern auf dieselben, leicht sichtbar werden, wird der Aderlaß gemacht, wobei zu berücksichtigen ist, daß mit dem Aderlaßinstrumente nicht zu tief gestochen oder geschlagen wird, indem dadurch möglicherweise die Schlagadern verletzt und die Blutung nicht mehr ge= stillt werden kann.

34. Welche fehlerhaften Hälse gibt es?

1) den falschen Hals, der vom Widerriste gerade in die Höhe steigt und mit seinem unteren Theile in ge= rader Richtung in die Brust sich senkt;

2) den Hirschhals, bei welchem die Halswirbel eine zu horizontale Lage haben, die eine falsche Biegung bedingen und derselbe nicht selten noch eine gebogene

Kehle hat; der meistens noch zu hoch angesetzte Kopf trägt die Nase in den Wind (Sterngucker) was ihm die gehörige Stellung benimmt;

3) Der Speckhals entsteht durch eine größere angesammelte Fettmasse am Kamme, woraus durch Umbiegen der Hängehals entsteht;

4) Der Schweinshals ist kurz, dick und in allen seinen Theilen zu fett; Pferde mit den letzten zwei Halsbildungen sind zum Reitdienste nicht geeignet.

35. Welche Krankheiten kommen am Halse vor?

Am oberen Theile des Halses kommen mitunter größere harte Geschwülste (Kröpfe) vor, welche auf Anschwellung von Drüsen beruhen. Wenn die Mähnenhaare nicht rein geputzt und sauber gehalten werden, so entstehen darin Borkenausschläge (Mähnengrind), sowie Schuppenausschläge der Seitenflächen. Durch fehlerhaftes ungeschicktes Aderlassen mit verrosteten Instrumenten entstehen Aderlaßfisteln, die oft schwer zu heilen sind.

36. Wo ist der Widerrist und von welcher Beschaffenheit soll er sein?

Der Uebergang des Halses am oberen Rande zum Rücken wird Widerrist genannt, und ist zwischen die zwei oberen Schulterblattenden eingeschlossen, er soll kammartig gebogen, hervorragend und auf beiden Seiten mit fester derber kräftiger Fleischmasse und Zellgewebsunterlage versehen, so gebaut sein, daß er um etwas Weniges über die Kreuzeshöhe des Pferdes emporsteigt und die Lagerung des Sattels einen festen Stützpunkt an demselben findet.

37. Welche äußeren Verletzungen kommen am Widerrifte häufig vor?

Der Widerrift ist einer der wichtigsten Theile des Pferdekörpers, weil an demselben die Verwundungen, Anschwellungen, Geschwüre, Fistelbildungen, sowie Brandflecken in Folge von Sattelbrücken vorkommen, welche oft schwer, oder gar nicht mehr zu heilen sind, und die Reitpferde lange Zeit dienstunbrauchbar machen.

38. Auf welchen Ursachen beruhen die Sattelbrücke?

Die Ursachen zu Sattelbrücken liegen:

1) In der fehlerhaften Beschaffenheit des Sattels, wenn derselbe entweder zu enge oder zu weit, zu kurz oder zu lang, daher für den Rücken des Pferdes nicht passend, oder erst im Verlaufe des Dienstgebrauches durch Abmagerung des Pferdes unbrauchbar oder selbst schabhaft geworden ist;

2) in der fehlerhaften unregelmäßigen Lagerung der unter den Sattel zu liegen kommenden Decken, wodurch sie sich zusammenschieben, Falten und Wülste bilden und dadurch einen ungleichförmigen Druck ausüben;

3) in der Einlagerung fremder harter Körper in die vordere Sattelkammer, wozu Schuhbürsten, Schuhwichskapseln, Karbätschen, Strigel und Waschlumpen zu rechnen sind;

4) im nachläßigen ungleichförmigen schläfrigen Sitze des Reiters;

5) im fehlerhaften und vernachläßigten Gurten, besonders, wenn der Sattel durch Bergauf- und Ab-

reiten sich verschoben hat und dadurch locker geworden ist; und

6) im ungleichheitlich beigepackten Gepäcke, welches längere Zeit liegen bleibt, und nicht weiter nachgesehen wird, ob dasselbe sich verschoben oder ob es nicht auf der einen oder andern Seite ein erhebliches Uebergewicht gewonnen hat.

39. Wie theilt man die Satteldrücke ein?

Die Satteldrücke werden eingetheilt: 1) in offene Wunden; 2) in Entzündungsgeschwülste; 3) in kalte oder lymphatische Geschwülste; und 4) in Brandflecken (Brandschorfe).

40. Worin besteht die Heilung der offenen Wunden und Entzündungsgeschwülste?

Will man die Satteldrücke in allen Formen heilen, so ist zuerst nothwendig, daß die sie veranlassenden Ursachen entfernt werden.

Die offenen Wunden bedürfen in der Regel nur der Reinigung und die Geschwülste, welche warm, fest und schmerzhaft sich anfühlen, müssen anfangs mit kaltem Wasser, Schnee oder Eis so lange überschlagen oder gebadet werden, bis die Hitze und Anschwellung verschwunden sind. Mangelt die Zeit um diese Ueberschläge anhaltend machen zu können, so wendet man Lehmanstriche, die aus gereinigter Lehmerde mit Wasser, etwas Essig und Kochsalz teigartig zubereitet werden, an; dieselben müssen aber von Zeit zu Zeit erneuert und mit kaltem Wasser aufgefrischt werden

41. Gibt es noch andere Hilfsmittel in Zeiten der Noth?

Wenn in Kriegszeiten und auf offenem Felde Was=

serbeduschungen und Lehmanstriche nicht gemacht werden können, so wendet man Gras, Kohlblätter, Sauer-
kraut oder Erde mit ausgestochenem Wasen an; der
Wasen wird mit der Grasnarbe aufgelegt, ist aber
nach Entfernung desselben die betreffende Stelle
stets gut auszuwaschen. Bei der Anwendung solcher
Nothbehelfmittel müssen dieselben immer wieder erneuert
oder mit Wasser angefeuchtet werden. Steine, Karbätschen, Striegel oder sonstige fremde harte Körper
dürfen mit der Sattelgurte nicht auf die Geschwulst
gebunden werden.

42. Was ist zu thun, wenn Hitze und Anschwellung so
ziemlich verschwunden sind?

Sind Hitze, Schmerz und Geschwulst, nach der Anwendung obiger Mittel, entfernt, so müssen zertheilende
aufsaugende geistige Einreibungen gemacht werden. Z.
B. man setzt zu 3 Theil Wasser, ein Theil Essig und
einen halben Theil Branntwein; oder man nimmt
Seifengeist, noch besser ist Camphergeist und reibt die
gedrückte Stelle täglich dreimal damit ein. Ist keine
offene Verwundung der Haut vorhanden, dann leistet
die Einreibung der Arnicatinktur, ein Loth mit 2
Pfund Wasser vermischt, sehr gute Dienste.

43. Worin besteht die Behandlung der kalten Geschwülste?

Die kalten lymphatischen und mit Flüssigkeit ge-
füllten Geschwülste bedürfen einer eingreifenden ärzt-
lichen Behandlung.

44. Was sind Brandflecken und was ist dabei zu thun?

Ist der Druck des Sattels in der Art anhaltend
und stark gewesen, daß die Haut getödtet und abge-

storben ist, und das entsteht, was man Brandschorfe nennt, so müssen diese harten, lederartigen und un=empfindlichen Theile mit erweichenden, einhüllenden Mitteln als Schweinefett, frischen Butter, Unschlitt, Althaeensalbe 2c. behandelt werden.

Nach einiger Zeit trennt sich die abgestorbene Haut, der Brandfleck los und steht an den Rändern auf, er wird alsdann mit scharfen Messern oder Scheeren ausgeschält, weggenommen und die zurückbleibende Wunde täglich ein = oder zweimal mit lauwarmen Wasser und Seife gereinigt, mit Charpie oder kurzge=schnittenem Werg bedeckt und verbunden.

Bei offenen Wunden oder wo die Brandflecke weg=genommen wurden, sind Bäder und Beduschungen von Chamillenaufgüssen täglich 3 bis 4 mal angewendet, von heilender Wirkung.

45. Wenn auf Märschen Sattelbrücke entstehen und die Pferde doch geritten werden müssen, was ist da zu be=obachten?

Nach länger anhaltenden Märschen kommen die Sattelbrücke am häufigsten vor, und da man die ge=drückten Pferde nicht zurücklassen kann und dieselben oft dennoch geritten werden müssen, so wird an dem Sattel, wo die Verwundung des Thieres sich befindet, so viel ausgeschnitten und, wenn dieses nicht angeht, auf der entgegengesetzt aufliegenden Fläche soviel ge=polstert oder unterlegt, daß der vorhandene Druck aufhört und die Verletzung der Haut ganz frei zu liegen kommt. Zugleich können die verwundeten Stel=len mit feiner glatter Leinwand oder weichem Hand=schuhleder bedeckt werden und ist der Sattel nach dem Einrücken ins Quartier abgenommen, dann sind die

2*

Wunden von dem anklebenden Eiter mit lauwarmen Wasser und Seife zu reinigen.

46. Welche Sättel gibt es und in welcher Art veranlassen sie die Drücke am ehesten?

Zu militärischen Zwecken wird entweder der deutsche und englische Sattel oder der ungarische Bock verwendet. Der deutsche und englische Sattel verwundet und drückt eher und öfter am Widerrist, der ungarische Bock hingegen verursacht die Drücke am Rücken, den Lenden und den Rippen am häufigsten.

47. Was ist beim ungarischen Bock zu beobachten?

Der ungarische Bock verlangt wegen seiner Unnachgiebigkeit und Unbiegsamkeit ein genaues Aufpassen und Anprobiren auf jeden einzelnen Pferderücken, greift derselbe im Verlaufe des Marsches dennoch das Pferd an, so muß sogleich der angreifende Theil des Sattelsteges abgeraspelt, abgeschabt und mit Seife oder Fett geglättet werden.

Bei forcirten größeren Märschen und sonstigen Strapazen, wo die Pferde abmagern und die Sattelböcke nicht mehr passen ist umsomehr nach jeder Marschbewegung nachzusehen, ob der Sattel noch paßt und nicht gedrückt hat; außerdem müßte derselbe ausgetauscht werden, oder es dürften sogenannte Sattelkissen aus Stroh geflochten oder aus Heu mit Leinwand eingenäht über der Decke und unter den Sattel aufgelegt, in Anwenduug kommen.

Ferner ist noch darauf zu sehen, daß mitgehende gedrückte Pferde, so viel als möglich vom Gepäcke und dem Reiter befreit werden, damit die leichteren Drücke gleichsam unter dem Sattel heilen.

48. Was ist die Brust des Pferdes und wie soll sie ge=
baut sein?

Die Brust liegt zwischen den beiden vorderen Glied=
massen und ist oben von dem Widerriste und dem
Rücken, vorne von dem Hals, und rückwärts von dem
Bauche begrenzt. Dieselbe soll die gehörige Breite,
Länge und Tiefe besitzen, damit eine stark entwickelte
Lunge bei schneller Bewegung des Pferdes sich frei
bewegen und das Athmen leicht vor sich gehen kann.

49. Aus welchen Theilen bestehen die vorderen Glied=
massen und wie sind sie miteinander verbunden?

Zu beiden Seiten der Brust liegen die vorderen
oder Brustgliedmassen und wird jede derselben von
oben nach abwärts in die Schulter, den Bug, den
Arm, den Ellnbogen, den Vorarm, das Knie, das
Schienbein, die Köthe, den Feßel und den Huf einge=
theilt.

Die Einzeltheile sind durch Gelenke miteinander ver=
bunden, und zwar die Schulter mit der Brust im
Schultergelenk, die Schulter mit dem Arm im Arm=
oder Buggelenk, der Arm mit dem Vorarm im Elln=
bogengelenk, der Vorarm mit dem Schienbein im Kniegelenk,
das Schienbein mit dem Feßel im Köthen= oder Feßelge=
lenk, der Feßel mit der Krone im Krongelenk und der
Huf mit dem Hufgelenk.

50. Von welcher Bauart und Beschaffenheit sollen die ein=
zelnen Gliedmassen sein?

Die Schulter soll die gehörige Länge, Breite und
schiefe Lage von auf= ab= und vorwärts an den beiden
Brustwandungen haben, sowie eine starke, kräftige
Muskulatur besitzen, die eine freie und leichte Beweg=

lichkeit gestattet — darf jedoch nicht zu locker mit der Brust verbunden sein. Sämmtliche Gelenke müssen die erforderliche Entwickelung, das heißt lang, breit und dick sein und die gehörige Festigkeit besitzen, welche dadurch gegeben ist, daß die einzelnen Knochen in den Gelenken mit straffen Bändern vereiniget sind.

51. Aus welchen Theilen ist der Huf zusammengesetzt und wie soll derselbe beschaffen sein?

Der Huf ist das letzte oder Endglied der Glied= massen und ist von außen durch die Hornwand und von unten durch die Hornsohle und den Hornstrahl in der Art zusammengesetzt, daß erstere durch das Verlängern und Umbiegen an den Fersenwänden und den daraus hervorgehenden Eck= oder Querstreben, letztere ein= und umschließt; derselbe gleicht somit einer hornartigen Kapsel, in welcher die empfindlichen weichen Theile und das Hufbein als letzter Knochen des Fußes eingeschlossen sind. Der Huf muß bezüg= lich seiner Größe im genauen Verhältniße zu den üb= rigen Theilen des Körpers stehen, die Hornwand glatt, glänzend, ohne Risse, Spalten und Narben und durch die weiße Linie fest mit der Hornsohle verbunden sein.

52. Welche formwidrigen und auf Bildungsfehlern be= ruhenden Hüfe gibt es?

Zu den fehlerhaften, form= und bildungswidrigen Hüfen rechnet man den zu großen oder zu kleinen Huf; den Huf mit schiefen, schwachen und engen Seiten= und Fersenwänden, den Platt= und Vollhuf, den Reh= und Knollhuf und den Huf mit weichen oder spröden Hornwänden.

53. Durch welche Mittel werden die Hüfe gesund erhalten und fehlerhafte gebessert?

Um gesunde Hüfe vor äußeren nachtheiligen Einflüßen zu schützen und fehlerhafte Hüfe verbessern zu können, ist ein zweckmäßiges rationelles und nach den Regeln der Kunst verfertigtes Beschläg erforderlich. Dann darf die im Waschen und Reinigen bestehende Hufpflege, die mitunter auch die Einschläge von erweichenden kühlenden Mitteln und Hufsalben erfordert, nicht vernachläßiget werden.

54. Welche Gebrechen und äußeren Krankheiten kommen an den vorderen Gliedmassen am häufigsten vor?

Zu den an den vorderen Gliedmassen am häufigsten vorkommenden Krankheiten rechnet man: Die Schultern-, Bug- und Huflähmungen, die Stollbeule oder den Stollschwamm am Ellnbogen, Verwundungen der Knie, die Beugsehnen-Ausdehnungen und Anschwellungen an der hintern Seite der Schienbeine, die Köthen- oder Feßelgelenkverstauchungen, Feßelwunden, die Mauke im Feßel, und am Huf die Kronentritte, Hornspalten, Hornklüfte, Strahlfäule, Steingallen, hohle Wände, Hufverbällungen und Hufgelenklähmungen.

55. Durch was entstehen die Lähmungen und welche Heilmittel sind dagegen anzuwenden?

Die Schulter- und Buglähmungen entstehen meistens durch zu kurzes und schnelles Pariren und Wenden der Pferde auf unebenem, harten Boden, durch Anstossen der Schultern an unnachgiebige Gegenstände, durch Springen und Setzen über erhöhte im Wege stehende Hinderuisse oder Gräben; und die des Hufes

durch das Anstoßen an Steine, Ausgleiten und Fehl=
tritte und durch vernachläßigtes oder fehlerhaftes Be=
schläg. Bei den neu entstandenen Lähmungen, die
noch mit Schmerz, Wärme und Anschwellung verbun=
den sind, müssen die kranken Theile mit kaltem Waj=
ser, im Winter mit Schnee und Eis anhaltend ge=
badet werden. Um die Kälte zu steigern, kann man
etwas Salpeter und Salmiaksalz dem Wasser zuseßen
und die Hüfe mit Lehmerde einschlagen und so lange
fortseßen, bis Hiße und Schmerz gänzlich verschwun=
den sind. Dann können zur gänzlichen Zertheilung
und Heilung des Leidens noch geistige Einreibungen
von Seifen= oder Camphergeist angewendet werden.
Veraltete Lähmungen erfordern immer ärztliche Hilfe.

56. Durch was entstehen die Stollbeulen und wie sind
sie zu heilen?

Oft über Nacht entstehen an den Ellnbogen der
Pferde Anschwellungen, die entweder warm, schmerz=
haft, oder kalt und mit Flüssigkeit gefüllt, anzufühlen
sind und Stollbeulen genannt werden.

Dieselben bilden sich meistens dadurch, daß die
Pferde eine unregelmäßige Lage wie Kühe annehmen,
und die vorderen Gliedmaßen unter den Leib ziehen,
so daß die Stollen der Hufeisen an die Ellnbogen zu
liegen kommen, dieselben quetschen und so die Stoll=
beule verursachen. Die erstere Art Schwellung muß mit
kalten Mitteln behandelt werden. Ist aber Flüssigkeit
in der Geschwulst vorhanden, so kann sie nur mehr
der Arzt heilen.

Um das fernere Entstehen solcher Stollbeulen zu
verhüten, muß das Beschläg abgeändert werden, die

Stollen auf der inneren Seite des Eisens müssen
wegbleiben und die Stangen soviel wie möglich ein=
gezogen werden, oder die treffenden Hüfe werden mit
Stroh oder Leinwand eingebunden, auch lederne Schuhe
angezogen.

57. Welche Behandlung verlangen die Beugsehnenanschwel=
lungen?

Bei den Beugsehnenanschwellungen, welche häufiger
bei alten als bei jungen Pferden vorkommen, ist zu=
nächst zu untersuchen, ob Wärme, Schmerz und Schwel=
lung zugegen sind, oder ob blos Lähmung des Fußes
vorhanden ist; ist ersteres der Fall, so können aller=
dings auch kalte Beduschungen gemacht werden, ob=
wohl sie, besonders bei alten Pferden nicht immer gut
vertragen und in Bälde mit erweichenden zertheilenden
Mitteln vertauscht werden müssen. Außerdem muß
solchen Pferden Ruhe gegönnt und dieselben in war=
men Ställen mit vorhandener trockener Streue unter=
gebracht und der leidende Fuß mit Binden eingebun=
den werden.

58. Wie erkennt man Feßel= und Hufverbällungen und
welche Mittel sind dagegen anzuwenden?

Bei Verstauchungen des Unterfußes, namentlich bei
Verbällungen der letzten Gliederenden setzen die Pferde
im stehenden und ruhenden Zustande die leidende Glied=
masse vor, und bei der Bewegung lahmen sie; der
leidende Theil ist wärmer, selbst geschwollen und schmerz=
haft; der kranke Fuß ist bis über die leidende Gegend
des Tages drei mal eine Stunde lang in kaltes Wasser
zu stellen, oder wo dieses nicht möglich, mit Lehman=

strichen, die von Zeit zu Zeit erneuert, aufgefrischt und angefeuchtet werden müssen, zu behandeln.

59. Was ist die Mauke, durch was entsteht sie und durch welche Mittel wird sie geheilt?

Die in den Feßeln vorkommenden veralteten offenen Wunden mit Anschwellungen und Geschwürbildungen werden mit dem Namen Mauke bezeichnet und entstehen meistens durch Unreinlichkeit, vernachläßigte Wart und Pflege, anhaltende Näße auf längeren Märschen bei schmutzigen und kothigen Wegen, schlechten Stallungen, wo der Urin nicht abfließt und die Pferde im eigenen Kothe stehen; dann können aber auch verdorbene Säfte und innere Krankheiten, die Veranlaßung dazu geben.

Ist ein Pferd mit der Mauke behaftet und muß doch marschiren, so hat man beim Eintreffen im Quartier den leidenden Fuß mit lauwarmen Wasser und Seife oder sogenanntem Küchenspülicht zu reinigen, auszuwaschen, dann abzutrocknen und mit leinenen Lappen oder Binden zu verbinden. Abends und Morgens wird die mit Schorfen oder Krusten überzogene Wunde mit Schweinefett, Butter, Althaeensalbe oder einem sonstigen fetten Oele eingeschmiert und dieselbe dadurch gegen das Eindringen von Wasser, Staub und Schmutz theilweise geschützt, erweicht und zugleich geschmeidig gemacht und so zur Heilung, die von selbst erfolgt, vorbereitet.

60. Wo kommt die Strahlfäule vor, wodurch entsteht sie, wie wird's geheilt?

Bei Pferden die längere Zeit im eigenen Unrathe stehen und wo die Huse nicht gewaschen und gereinigt werden, kommt, besonders an den hinteren Füßen, in den Hornstrahlspalten zu Zeiten eine schmierige, graue stinkende flüssige Absonderung vor, die man Strahl= fäule nennt und die, wenn nicht baldige Mittel da= gegen angewendet werden, gern ausartet, geschwürig und freßend wird.

Zur Heilung der Strahlfäule gehört, daß die Hüfe mit frischem Wasser und Essig gewaschen, die Strahl= spalten mit hölzernen Messern und Werg gereiniget und nach diesem, in dieselben gepulverte Holzkohle, Eichen= oder Weidenrinde, also austrocknende Pulver gestreut und mit Werg durchgezogen und verbunden werden.

61. Was ist bei der Vernagelung zu beobachten?

Wenn Pferde beschlagen werden und kurze Zeit dar= nach lahm gehen und im Stehen den leidenden Fuß vorsetzen, so muß das Beschläg untersucht werden, ob das Pferd nicht vernagelt ist. Zu diesem Zwecke klopft man mit dem Hammer auf die einzelnen Nagelköpfe und Nieten; zeigt dann bei dem einen oder andern Nagel das Pferd Schmerzen, so zieht man denselben heraus und untersucht ihn, ob er nicht naß oder blutig ist, was als Zeichen der Vernagelung angesehen wer= den kann. Das Nagelloch wird mit Klebwachs ver= klebt und wird an dieser Stelle kein Nagel mehr ge= schlagen. Lahmt das Pferd aber dennoch, so muß das Eisen abgenommen und das Naggelloch auf der weißen Linie erweitert und wieder mit Klebwachs verbunden werden.

62. Was sind die Steingallen und was ist dabei zu thun?

Die Steingallen haben ihren Sitz in den Sohlen=

winkeln und sind entweder — Trockene oder Nasse und verursachen mitunter Lahmgehen. Die trockenen Steingallen werden ausgeschnitten, und die nassen oder eitrigen geöffnet und mit Klebwachs verbunden. Das Hufeisen aber muß in der Art gerichtet und aufge= schlagen werden, damit es keinen Druck mehr auf die Steingallen ausüben kann. Werden die eitrigen Stein= gallen nicht geöffnet, so frißt der Eiter innerhalb der Hornwände aufwärts und kommt an der Krone zum Vorschein und es gibt dann schwer zu heilende Kron= und Knorpelgeschwüre.

63. Aus welchen Nebentheilen besteht das Mitteltheil (Körper) des Pferdes?

Zum Mitteltheil (Körper) des Pferdes gehören: 1) Der Rücken; 2) die Lenden; 3) die Rippen; 4) die Flanken; 5) der Bauch; 6) die männlichen Zeug= ungstheile; und 7) das Euter beim weiblichen Ge= schlecht.

64. Was ist der Rücken und die Lenden, von welcher Beschaffenheit sollen sie sein und welche Gebrechen kom= men an denselben vor?

Der Rücken nimmt seinen Anfang am Widerriste, steht rechts und links mit den Rippen in Verbindung und geht in die Lende über, die neben von den Flan= ken und rückwärts von der Kruppe oder dem Kreuze begrenzt wird. Der Rücken und die Lenden dürfen bei dem gut und proportionirt gebauten Pferde weder zu lang noch zu kurz sein und sollen in gerader Linie vom Widerriste bis zur Kruppe, ohne Erhöhung und Einsenkung auf beiden Seiten in die Brustwandungen abfallend, und mit den Flanken abgerundet verbunden,

verlaufen. Dieselben haben die Rücken- und Lenden-
wirbel zur Grundlage und müssen eine starke kräftige
und feste Muskelmasse und derbe Zellgewebsunterlage
besitzen, um dem Sattel beim Reitpferde die nothwendige, sichere, feste und unverrückbare Lage gewähren
zu können.

Es kommen daher auch wegen der Lagerung des
Sattels und der zu tragenden Last des Reiters, am
Rücken und dessen nächstliegenden Theilen die Verwundungen, Anschwellungen und Brandflecken (Satteldrücke) ebenso vor wie am Widerriste. Die ärztliche Hilfe richtet sich ganz nach der Behandlung, wie
sie schon bei den Satteldrücken am Widerriste ange-
geben wurde.

65. Was bilden die Rippen, wie sollen sie gebaut sein
und welchen Leiden sind sie unterworfen?

Die Rippen bilden die Seitenwandungen der Brust-
höhle und müssen daher die gehörige Wölbung haben,
um dieser die nothwendige Räumlichkeit zu gestatten,
und der Lagerung des Sattels und der Sattelgurte
die erforderliche Festigkeit geben zu können. Bei ab-
gemagerten Pferden werden die Rippen sichtbar und
liegen oberflächlich unter der Haut und geben dadurch
beim Reitpferde nicht selten Veranlassung zu Satteldrücken mit Brandflecken, die, wie schon früher ange-
geben, behandelt werden.

66. Wie sollen der Bauch und die Flanken gebaut sein?

Bei einem gutgebauten Pferde ist der Bauch nur
mäßig gerundet und darf weder zu groß, herabhängend
als sogenannter Heubauch, noch aber zu sehr aufge-
zogen als Hecht- oder Windbauch vorkommen, weil die

Haltbarkeit und Festigkeit des Sattels davon abhängt. Die zwischen der Lende, der letzten Rippe und der Hüfte liegende Flanke, darf nicht zu sehr vertieft als Hungergrube und auch nicht aufgeschürzt erscheinen. Beim ruhigstehenden Pferde dürfen die Flanken und Bauchbewegungen in Folge des Athmens kaum bemerkt und nach der Bewegung kein auffallendes wellenförmiges Flankenschlagen wahrgenommen werden.

67. Was ist der Schlauch, das Geschröte und das Euter des Pferdes?

Der Schlauch ist eine von der Haut gebildete und zwischen den Oberschenkeln liegende Scheide, in welcher der vordere Theil der Ruthe gelagert und vor Beschädigungen geschützt ist. Unter dem Geschröt versteht man den hinter dem Schlauch liegenden Hodensack mit den Hoden; und das Euter mit zwei Zitzen an derselben Stelle, ist der Stute eigen, und dient zur Absonderung der Milch und zum Säugen der Fohlen.

Diese, aus Drüsen, Häuten rc. bestehenden Absonderungs- und Ausscheidungswerkzeuge, müssen von festweicher derber Beschaffenheit sein und dürfen keine Narben und Geschwülste besitzen.

Wenn der Schlauch nicht rein gehalten wird, sammelt sich eine talgartige stinkende Schmiere in demselben an, welche Entzündung und selbst Geschwürbildung in der Schleimhaut zur Folge haben kann; daher muß derselbe mit reinem Wasser und Seife öfters im Inneren gereiniget werden.

68. Welche Theile gehören zum Hintertheil (Nachhand) des Pferdes?

Das Hintertheil (Nachhand) des Pferdes besteht

aus folgenden Nebentheilen:

1) dem Kreuz (Kruppe); 2) den Hanken; 3) dem Schweife; 4) den Backen (Gesäß); 5) dem After; 6) dem Wurfe (Scham); und 7) den hinteren Gliedmassen.

69. Was ist vom Kreuz, den Hanken, dem Schweif, den Backen, dem After und dem Wurf zu wissen erforderlich?

Das Kreuz oder die Kruppe befindet sich zwischen der Lende und dem Schweif und hat die Beckenknochen, das Kreuzbein und die ersten vier Schweifwirbel zur Grundlage. Die auf beiden Seiten stark hervortretenden Beckenknochen heißen Hüften oder Hanken. Das Kreuz soll möglichst lang breit und mit derben Muskeln versehen sein und wo möglich eine ovale Gestalt in der Art haben, daß es nach hinten und beiderseits etwas Weniges abgerundet erscheint.

Die Hanken dürfen nicht zu hoch stehend hervorragen, sondern müssen schön abgerundet und beide gleich groß sein. Der Schweif hat 16—18 Wirbelbeine zur Grundlage, ist aus mehreren Muskeln ꝛc. und langen Haaren auf der oberen Fläche, welche zur Abwehr von Insecten des Pferdes dienen, zusammengesetzt. Man unterscheidet den hoch und nieder angesetzten, sowie den Rattenschweif, der oben nur kurze und wenige Haare hat.

Die Backen oder das Gesäß sind die Muskel (Fleisch-) Parthien zu beiden Seiten und rückwärts der Kruppe, welche die Gesäßbeine des Beckens zur Unterlage haben, sie müssen schön gerundet und gehörig ausgefüllt erscheinen.

Der After ist die Ausmündung des Mastdarmes, er

soll die Gestalt eines kleinen Apfels haben und vollkommen zusammengezogen und geschlossen sein.

Der Wurf oder die Scham bildet den Eingang zu
den Geschlechtstheilen der Stute und wird von 2 Lef-
zen gebildet.

70. Welche Formverschiedenheiten des Kreuzes gibt es?

1) Das horizontale oder ebene Kreuz beruht meistens
auf starken Fettpolstern in der Nähe des Schweifes;
ist dasselbe mit einer schwachen Lende verbunden,
so ist es fehlerhaft;

2) das ovale Kreuz rundet sich ganz leicht von vorne
nach hinten, weniger nach den Seiten ab, und ist
die beste und schönste Form;

3) das runde Kreuz ist kürzer und schmäler als das
vorige und mehr nach den Seiten abgerundet;

4) das abhängige, abschüssige oder Eselskreuz fällt
stark und ohne Rundung nach hinten ab;

5) Das abgeschliffene oder Schweinskreuz fällt sowohl
nach hinten, als auch nach beiden Seiten stark
ab; es ist das fehlerhafteste;

6) das spitzige Kreuz besteht darin, daß der innere
Winkel beider Darmbeine stark hervorragt;

7) Das gespaltene Kreuz hat in der Mitte eine Rinne
und beruht entweder auf einer zu tiefen Lage des
Kreuzbeines, oder auch auf zu kurzen Dornfortsätzen
desselben.

71. Welche Gebrechen kommen am Kreuze vor und durch
was entstehen sie?

An dem Kreuze kommt mitunter Schwinden in Folge
von Hüftverstauchungen und schmerzhaften Spathen
vor, das bei Reitpferden, welche ein schwaches Hinter-

theil, lockere Fleischmasse, schwache Gelenke und Bänder haben und stark auf das Hintertheil gesetzt, viel galoppirt und zum Setzen unnöthiger Weise angehalten wurden, nicht selten beobachtet wird und meistens unheilbar ist.

72. Aus welchen Einzeltheilen besteht eine hintere Gliedmasse und wie sind sie zusammengesetzt?

Eine hintere oder Beckengliedmasse ist von auf= nach abwärts zusammengesetzt aus dem Ober= und Unterschenkel, dem Schienbein, dem Feßel und Huf. Diese Theile sind verbunden: der Oberschenkel mit dem Becken= oder Darmbein im Hüftgelenk, der Ober= mit dem Unterschenkel im Knie mit dem Kniegelenk, auf welchem die Kniescheibe liegt, der Unterschenkel mit dem Schienbein im Sprunggelenk, das Schienbein mit dem Feßel im Feßelgelenk, der Feßel mit der Krone im Krongelenk und der Huf mit dem Hufgelenk.

73. Welches ist das wichtigste Gelenk der hinteren Gliedmassen und wie soll es gebaut sein?

Das am meisten angestrengte Gelenk der Hinterfüße ist das Sprunggelenk, es muß daher an seinem hinteren Rande möglichst lang und hoch, sowie breit und dick gebaut sein, dann starke zähe Bänder und Sehnenverbindungen besitzen und doch schön geformt erscheinen. Dieses Gelenk leidet an den verschiedensten Krankheiten und Gebrechen, als den mancherlei Spathen, der Hasenhacke, dem Rehbein, der Buggalle, der Fersengalle, dem Aberkropf, der Piphacke, der Raspe, den Anschwellungen, Verstauchungen und Entzündungen.

Auf der inneren Fläche zwischen dem Schienbein und Gelenke liegt die das Pferdegeschlecht charakterisirende

2

Hornwarze (Kastanie), wie auf der inneren Fläche des Vorarmes an den Vorderfüſſen.

74. Wo kommt der Spath vor, wie wird er eingetheilt und erkannt und was läßt ſich dagegen anwenden?

Der Spath hat ſeinen Sitz auf der inneren Fläche und am unteren Rande des Sprunggelentes und beruht auf einer widernatürlichen Erhöhung, die bald größer, bald kleiner und hart iſt, oder auf Entzündung der Knochen, welche die Lähmung zur Folge hat; er wird daher auch in den ſichtbaren und unſichtbaren unterſchieden. Der ſichtbare auch Knochenſpath genannt, zeigt ſich in den verſchiedenſten Größenverhältniſſen, von der Erbſen- bis zur Fauſtgröße und hat nur die Lähmung im Gefolge, wenn noch Entzündung vorhanden iſt und die kleineren Knochen am unteren Rande des Sprunggelentes mit Schien- und Griffelbein noch nicht verwachſen ſind. Den unſichtbaren Spath erkennt man, wenn das Pferd vom Stalle weg ſichtbar lahmt und es einige Zeit in Bewegung verſetzt wurde, die Lähmung nachläßt und gerade geht.

Neu entſtandene Spathe können mit kalten Bädern behandelt werden, ältere aber erfordern ein ärztliches Eingreifen.

Die im Bug des Sprunggelentes vorkommende Buggalle iſt unter dem Namen Blut- und Waſſerſpath bekannt.

75. Worin beſteht die richtige Stellung der Gliedmaſſen?

Die regelmäßige und richtige Stellung der Gliedmaſſen hat den Zweck, daß die eigene Schwere des Körpers, ſowie die zu tragende Laſt des Pferdes gleichheitlich ſo vertheilt wird, daß die Muskelkräfte zur

Zeit der Arbeit in der Art geschont werden, damit auch
die Bewegungen mit Freiheit, Leichtigkeit und Aus=
dauer vor sich gehen können.

76. Wann nennt man die Stellungen regelmäßig und
wann unregelmäßig?

Regelmäßig ist die Stellung, wenn man das Pferd
von Vorne betrachtet, die vorderen die hinteren, und
umgekehrt von Hinten angesehen die hinteren die vor=
deren Gliedmassen in allen Theilen decken.
Von der Seite gesehen, müssen die vorderen vom Elln=
bogen bis zum Fessel senkrecht und die hinteren im
Knie und Sprunggelenk mäßig gebogen und weder zu
sehr unter den Bauch, noch auffallend vor= oder rück=
wärts gestellt sein. Unregelmäßig wird die Stellung,
wenn die Gliedmassen sich nicht gegenseitig decken, zu
enge oder zu weit von einander, zu weit vor= oder
rückwärts stehen. Zu sehr im Sprunggelenk gebogen,
nennt man säbelbeinig; zu gerade gestellt aber in der
Köthe stehen. Knieenge und Knieweite, Zehenenge und
Zehenweite, vorbiegig und köthenschüssig, sowie kuh=
hessig sind weitere unregelmäßige Stellungen.

77. Wie werden die Gangarten eingetheilt?

Die Gangarten des Pferdes theilt man in natürliche
und künstliche ein; erstere werden wieder in regelmäßige
und unregelmäßige oder fehlerhafte unterschieden.

78. Welches sind die regelmäßigen Gangarten und wie
werden sie ausgeführt?

Zu den regelmäßigen Gangarten gehören der Schritt,
Trab, Galopp und Sprung, und sind, wenn sie in
der gehörigen Zeitfolge mit Leichtigkeit, Freiheit und
Ausdauer von dem Pferde vollendet werden, als voll=

2*

kommene Bewegungen eines gut und proportionirt ge=
bauten Pferdes zu betrachten.

79. Wie wird der Schritt ausgeführt?

Der Schritt besteht darin, daß die 4 Gliedmassen
nacheinander die Bewegung machen, so zwar, daß der=
selbe mit einem Vorderfuß anfängt, welchem sofort der
Hinterfuß der entgegengesetzten Seite folgt, nach die=
sem kommt der zweite Vorder= und zweite Hinterfuß.

Derselbe wird in 4 Zeitabschnitten ausgeführt und
man hört daher auch 4 Tritte oder Hufschläge.

80. Wie trabt das Pferd?

Trabt das Pferd, so bewegen sich die Gliedmassen
am Körper übers Kreuz in zwei Tempos, und zwar
entweder die vordere rechte und hintere linke oder um=
gekehrt die vordere linke und hintere rechte in gleicher
Zeitfolge; mithin hört man zwei Hufschläge in zwei
gleichen Zeitabschnitten.

81. Wie galoppirt das Pferd?

Beim Galopp ist zunächst die rechte oder linke
Körperhälfte vorgedrängt, und man sagt, das Pferd
galoppirt rechts oder links. Der Galopp rechts ge=
schieht in der Weise, daß das Pferd mit dem vorderen
rechten Fuß die Bewegung beginnt, auf diesen folgen der
vordere linke und hintere rechte zu gleicher Zeit und
zuletzt der hintere linke. Beim Niedersetzen erreicht der
letzt bewegte Fuß zuerst den Boden wieder, ihm folgt
der linke Vorder= und rechte Hinterfuß zu gleicher Zeit
und der rechte Vorderfuß macht den Schluß. Man
hört folglich im Galopp 3 Hufschläge. Der Galopp
links geht in umgekehrter Ordnung vor sich. Be=

wegen sich die Gliedmaßen in einer abweichenden Folge, so sagt man, das Pferd galoppire falsch.

82. Wie springt das Pferd?

Der Sprung wird durch die hinteren Gliedmaßen in drei Bewegungen ausgeführt; zuerst erhebt sich die Vorhand, dann wird der Körper mit den hinteren Füßen fortgestoßen, wobei derselbe frei über der Erde schwebt, und zuletzt die Gliedmaßen, vorerst die hinteren, dann die vorderen niedergesetzt.

83. Welche unregelmäßigen oder fehlerhaften Gangarten gibt es?

Unregelmäßige Gangarten sind: 1) Der Paß; 2) der Halbpaß (Antritt); und 3) der Mittelgalopp (fliegende Paß).

1) Der Paß selbst ist ein unregelmäßiger Trab und besteht darin, daß die zwei Gliedmaßen einer Seite gleichzeitig bewegt werden.

2) Beim Halbpaß wechselt der Paß mit dem regelmäßigen Trab ab.

3) Der Mittelgalopp ist eine Mischung aus Trab und Galopp, so daß das Pferd mit den vorderen Gliedmaßen galoppirt und mit den hinteren trabt.

84. Welche regelmäßigen Gangarten sind für das Pferd am anstrengendsten und durch was entstehen die unregelmäßigen?

Am meisten ermüdet und erschöpft das Pferd der anhaltende Galopp, und sehr angestrengt werden die hinteren Gliedmaßen, besonders die Sprunggelenke beim Sprung. Diese Gangarten müssen deßwegen mit Schonung und Ueberlegung ausgeführt und dem Kraftvermögen des Pferdes angemessen sein.

Die unregelmäßigen Gangarten haben ihren Grund in der Ermüdung, übermäßigen Anstrengung, Schwäche und Gebrechlichkeit der Gliedmassen; daher kommen bei Pferden von hohem Alter mit noch feurigem Temperamente diese Gangarten am häufigsten vor.

85. Welchen Nutzen haben die Haare des Pferdes und wie werden sie eingetheilt?

Die den ganzen Körper gegen Kälte, Nässe, Staub, Insecten und anderen nachtheiligen äußeren Einwirkungen beschützenden Haare werden in Deck=, Mähnen=, Schweif=, Zotten=, Augenwimpern= und Fühlhaare unterschieden.

86. Welche weitere Bewandtniß hat es mit den Haaren?

Die Schopf=, Mähnen=, Schweif= und Tasthaare wachsen fortwährend und werden durch das Beschneiden im Wachsthum bestärkt.

Die Hauthaare wachsen nur bis zu einer gewissen Länge und werden jährlich von der Natur selbst abgestossen und durch neue ersetzt, was Hären oder Abhären genannt wird.

87. Wie werden die Pferde der Farbe nach eingetheilt?

Der Farbe nach unterscheidet man:

1) Pferde mit einfachen; 2) gemischten; und 3) zusammengesetzten Haaren.

Zu den einfach farbigen gehören: 1) die weißen, 2) fahlen, 3) rothen, 4) braunen, und 5) schwarzen Pferde.

Die einfach gefärbten theilen sich wieder ab nach der Farbe, ob sie heller oder dunkler und ob die Deck= oder Mähn= und Schweifhaare, verschieden gefärbt sind.

1) Weißfarbige Pferde heißen Schimmel.

a) Atlas oder Glanzschimmel (wird weiß geboren);

b) Milch= und Silberschimmel (wird schwärzlich ge= boren).

2) Die fahl= oder graufarbigen Pferde mit gelber oder grauer Farbe der Deckhaare heißen Isabellen und Falben.

a) Blaß=Isabell (Hermelin), hat blaßgelbe fast weiße Haare;

b) Gold=Isabell, ist goldgelb und glänzend (Schweif weiß);

c) Hell=Isabell (Mähne und Schweif ganz weiß);

d) Dunkel = Isabell, (Schweif mit schwarzen Haaren gemischt);

e) Dunkelfalb, ist braungelb (Mähne und Schweif schwarz);

f) Mausfalb, ist aschgrau (Schweif und Mähne dunkel.)

3) Die rothgefärbten Pferde heißen Füchse.

a) Rothfuchs, ist braunroth;

b) Kupferfuchs, ist rothbraun;

c) Goldfuchs, ist roth in's gelbliche spielend;

d) Hellfuchs, ist blaßroth gelblich;

e) Dunkelfuchs, ist braunroth;

f) Kohl = Dunkel und Schwarzfuchs, sind lichtschwarz, mit unrein vermengten rothen, schwarzen und weißen Haaren in der Mähne und dem Schweif.

4) die braungefärbten Pferde heißen Braunen.

a) Kastanienbraun, (Mähne, Schweif und Unterfüße schwarz;)

b) Hellbraun, fällt die Farbe mehr ins Gelbe oder Rothe;

c) Schwarzbraun, ist beinahe Schwarz und nur ums Maul ꝛc. rothbraun;

d) Goldbraun, ist tief braun mit goldgelbem Glanz;

e) Kirschbraun, auch Weichselbraun, hat die Farbe der reifen Weichsel;

f) Rehbraun, ist mehr graulich und hat gefleckte Füße.

5) Die schwarzgefärbten Pferde heißen Rappen.

a) Glanzrapp, ist kohlschwarz und glänzend;

b) Kohlrapp, hat kohlschwarze Haare ohne Glanz;

c) Hell= oder Sommerrapp, ist rußschwarz.

Pferde mit gemischten Haaren heißen:

a) Der Schwarz=, Blau=, Eisen=, Grau=, Muskat=, Zimmet=, Brand=, Honig=, Forellen = Fliegen= und Apfelschimmel;

b) der Stichelfuchs, Stichelbraun und Stichelrapp.

Zu den Pferden mit zusammengesetzten Haaren zählt man:

a) Die Schecken Gelb=, Roth=, Fuchs= Braun=, Porzel= lan=, Schwarz-, und Agath=Scheck;

b) Tieger Gelb=, Roth=, Braun=, Schwarz= und Agath= Tieger.

88. Welche Abzeichen haben die Pferde?

Die Abzeichen der Pferde findet man theils am Kopfe und theils an den Gliedmassen und sind weiße Flecke von verschiedener Größe.

Zu denen am Kopfe rechnet man die verschiedenen Sterne, als Sternchen, den Stern, den Ring=, Spitz= und gemischten Stern; dann die Bläße und Schnippe. An den Gliedmassen findet man bald die Krone und bald die Feßeln verschieden ausgebreitet, weiß gefärbt und man nennt solche Pferde bekrönt; halb und ganz gefeßelt; halbgestiefelt und hochgestiefelt.

89. Wodurch wird die Größe des Pferdes bestimmt?

Um die Höhe (Größe) des Pferdes bestimmen zu können, muß man es messen, wozu man sich des Stab= oder Bandmaßes bedient.

Das Stab = oder auch Galgenmaß ist von Holz und mit einem Querbalken versehen, welcher beweglich ist und auf = und abgeschoben werden kann. Dieses Maß wird hinter der Ferse, außen am Vorderfuße neben dem Stollen auf dem Boden angesetzt und der Querstab auf den Widerrist gebracht, dann wird das an dem= selben verzeichnete Maß abgenommen. Das Band= maß ist unsicherer, weil das Gewebe des Bandes im Verlaufe der Zeit sich ausdehnt, oder in Folge von Feuchtigkeit zusammenzieht und wegen dem Aufliegen auf dem Arm und der Schulter die wahre Größe nicht immer angibt.

90. Wie wird dieses Maß eingetheilt?

Das Maß selbst wird in Schuhe, Zoll, und Linien und zwar der Fuß oder Schuh in drei Fäuste, die Faust in 4 Zoll und der Zoll in 4 Linien oder Striche eingetheilt.

Die Größe (Höhe) der Pferde für die verschiedenen Waffengattungen beträgt:

1) 15 Fäuste — 15 F. 2 Zoll] Leichte Cavallerie und Artillerie = Reitpferde.

2) 15 F. 3 Z. — 16 F. 2 Z.] Schwere Cavallerie= u. Artillerie=Zugpferde.

3) 15 F. 2 Z. — 16 F. 2 Z.] Armee = Fuhrwesen; und

4) 16 F. — 16 Fäuste 3. Zoll] Genie=Regiment.

3

91. Was versteht man unter Konstitution und Körper-beschaffenheit des Pferdes?

Unter der jedem Pferde eigens zukommenden Körper-beschaffenheit und Konstitution versteht man, daß sämmtliche Werkzeuge (Organe) in der Art überein-stimmend gebaut und beschaffen sind, damit die ver-schiedenerlei Grade der Verrichtungen des Körpers, z. B. Blutkreislauf, Athemholen ꝛc. frei, leicht und mit Stärke vor sich gehen. Man unterscheidet die ererbte, angeborene, erworbene, starke und schwache, die gute, schlechte und krankhafte Konstitution.

92. Welche Temperamente besitzen die Pferde und wie geben sie sich zu erkennen?

Die Temperamente des Pferdes sind:

1) Das sanguinische, feurige, lebhafte Temperament, gibt sich durch merkbare Reizbarkeit, leichte, ge-schmeidige und kräftige Bewegungen, Munterkeit, guten Willen, Gelehrigkeit und leichte Angewöhnung an andere Pferde zu erkennen;

2) das phlegmatische, träge, langsame Temperament verräth sich durch Unempfindlichkeit und Mangel an Ausdauer in der Arbeit, sowie durch schlaffe Haut, weiche Muskeln und wässeriges weniger war-mes Blut;

3) das cholerische, leidenschaftliche, reizbare Tempera-ment, äußert sich durch große Reizbarkeit, Eigensinn, Widersetzlichkeit, derbe Muskeln, feste Sehnen und kraftvolle Bewegungen;

4) das melancholische, schüchterne, furchtsame, ängstliche Temperament gibt sich durch Stumpfheit der Sinne, Feigheit, Furchtsamkeit und Mißtrauen zu erkennen.

93. Was versteht man unter Naturell oder Charakter des Pferdes?

Unter dem den Pferden zukommenden Naturell oder Charakter versteht man gewisse Neigungen, welche dieselben unter sich und gegen den Menschen zu erkennen geben, daher unterscheidet man Vollkommenheiten und Mängel in diesen Eigenschaften. Zu den ersteren zählt man die Gelehrigkeit, Bereitwilligkeit bei Anstrengungen, Muth und Standhaftigkeit, Sanftmuth und Güte im Umgange mit Menschen und unter sich, — zu den letzteren gehören Widersetzlichkeit, Eigensinn bei Abrichtung, Zurückweichen, Ausschlagen, Steigen, Scheue, Bosheit, Tücke und Haß-2c. gegen den Menschen.

94. Was versteht man unter Race und Schlag des Pferdes?

Unter Race versteht man die den Pferden einer Gegend durch eine Reihe von Generationen hindurch eigen gewordenen angezüchteten Eigenschaften, welche diese Thiere zu gewissen Nutzungszwecken fähig machen; daher unterscheidet man edle und gemeine Racen. Die edlen Pferde zeichnen sich durch einen regelmäßigen Körperbau, gute Constitution, ein vortheilhaftes Temperament und ein vollkommenes Naturell aus, wohingegen die gemeinen das Gegentheil bieten und zwischen beide noch die gute Race gestellt werden kann, welche der ersteren nur im Baue und Naturell nachsteht.

Der Schlag hingegen ist eine nur unvollkommene Race, wo die Vererbungsfähigkeit noch mangelhaft ist.

95. Zu welchen Zwecken werden die Pferde verwendet, und wie sollen sie demnach gebaut und beschaffen sein?

Zu militärischen Zwecken werden bei der leichten

und schweren Cavallerie die Pferde zum Reitdienste und bei der Artillerie und dem Train theils zum Reit- und theils zum Zugdienste verwendet.

Ein gutes Reitpferd muß einen gedrungenen, kräf- tigen, dauerhaften Körperbau, solide Gliedmassen und gute Hüfe haben, sich leicht füttern, und entweder be- reits gegen Witterungswechsel aller Art abgehärtet sein, oder doch sich bald daran gewöhnen können; die leichte Reiterei bedarf insbesondere noch gewandte und gute Läufer.

Die Zugpferde, besonders der schweren Geschütze und Pontonswägen, sowie die Train-Pferde müssen ein starkes Kreuz, breite Brust, recht tüchtig fundirte und lieber etwas zu niedrige als zu hohe Gliedmassen haben. Ein großer Kopf, fleischiger Hals und Schul- tern möchten eher für Vorzüge als Mängel angesehen werden.

C.

Innerliche Krankheiten.

96. Welche innerlichen Krankheiten kommen bei Pferden am häufigsten vor?

Zu den innerlichen Krankheiten, bei welchen in Ermangelung oder bis zum Eintreffen ärztlicher Hilfe durch den Reiter eingewirkt werden darf, gehören:

1) Das Katarrhal= und 2) Entzündungsfieber; 3) die Druse; 4) die verlorene Freßlust; 5) die Kolik; 6) die Lungenentzündung; 7) die Gehirnentzündung; 8) die Harnverhaltung und 9) die Rehkrankheit.

97. Was ist das Katarrhal= und Enzündungsfieber mit der damit verbundenen Druse?

Diese häufig bei jungen Pferden (Remonten) vorkommende Krankheit zeigt sich durch Eingenommenheit des Kopfes, Mattigkeit, trübe oder geröthete Augen, höher gefärbten Nasenschleimhäuten, wechselnder Temperatur auf der Körperoberfläche, gesträubte Haare, verminderte Freßlust, vermehrter Durst, Fiebererscheinungen mit nachfolgender Drüsenanschwellung im Kehlgang und Eintritt eines weißlichen, dicken und oft auch grünlichen Ausflußes aus der Nase.

98. Welche Mittel sind bei diesem Leiden anzuwenden?

Drusenkranke Pferde bedürfen hauptsächlich einer regelmäßigen Wart und Pflege nach diätetischen Regeln. Vermeidung von Erkältung und Nässe, Erhaltung gleichmäßiger Wärme im Stalle, tägliche Bewegung im Freien bei günstiger Witterung, Reinigung der Augen- und Nasen-Oeffnungen; Bedeckung der Thiere mit wollenen Decken; die Kehlgangsdrüsen werden mit Werg und Schafpelzen oder wollenen Lappen verbunden und, sind dieselben bedeutend angeschwollen, schmerzhaft, so werden sie mit Schweinefett oder Althaeensalbe eingerieben und zur Reife der Eiterung gebracht, wo sie entweder von selbst aufbrechen oder mit dem Messer geöffnet werden. Als Nahrung wird weiches Futter aus gebrochenem Haber mit Häckerling vermischt, gesalzen und angefeuchtet, oder aber grünes Futter in wiederholt kleinen Portionen gereicht; zum Getränk nimmt man überschlagene Mehltränke aus Gersten, oder Roggenmehl und Waizenkleie, welche mit Kochsalz gesäuert und öfters vorgehalten werden. Tritt auf dieses diätetische Verfahren keine Besserung ein, sondern, wenn der Nasenausfluß einseitig stinkend, blutig oder aschgrau wird und die angeschwollenen Drüsen weniger empfindlich und hart sich zeigen, so ist die Krankheit als verdächtig, bösartig und ansteckend anzusehen, deßwegen muß ein solches Pferd allein gestellt und sogleich in ärztliche Behandlung genommen werden.

99. Worin besteht die verlorene Freßlust, wie zeigt sie sich, und was wendet man für Mittel dagegen an?

Die verlorene Freßlust besteht meistens in schwacher

Verdauung, oder in schlechten Futterforten, die ge=
füttert wurden; kommt aber auch bei starker Ermü=
dung nach forcirter Arbeit, oder durch vernachläſſigte
Wart und Pflege auf Märschen und bei Einquartier=
ungen vor, wo die Futterzeiten unregelmäßig werden
und ungewohntes Futter verabreicht wird. Dieses Leiden
unterscheidet ſich von anderen Krankheiten, daß außer
der Futteraufnahme die übrigen Körperverrichtungen
normal ſind.

Die dagegen anzuwendenden Mittel ſind Diät, gutes
und geſundes Futter in kleineren Portionen und öfters
gereicht, beſonders kräſtiges mit aromatiſchen Kräutern
vermiſchtes Heu, das mit Stroh zu Häckerling kurz
geschnitten wird, zu welchem bei jeder Futterzeit noch
ein paar Löffelvoll von pulveriſirter Gentiauwurzel
oder Wermuthkraut und Kochſalz geſetzt werden
kann.

100. Was iſt die Kolik, durch welche Erscheinungen zeigt
ſie ſich, wie entſteht ſie, und welche Nothhilfe iſt dagegen
erlaubt?

Die Kolik, auch Bauchſchmerz, Bauchgrimmen ge=
nannt, hat ihren Sitz im Darmkanal, und gibt ſich
zu erkennen, daß die Pferde plötzlich das Futter ver=
ſagen, vom Baren zurückſtehen, unruhig werden und
mit dem Kopfe nach dem Bauche ſehen, den vorderen
und hinteren Füßen hauen und schlagen, ſich Nieder=
werfen und Wälzen, aber nicht liegen bleiben, ſondern
gleich wieder Aufſpringen und Schmerzen dadurch im
Hinterleib anzeigen, womit nicht ſelten Verſtopfung
und Urinverhaltung verbunden iſt.

Die Kolik entſteht durch Koppen, Unterbrückung der

Hautausdünstung (äußerliche Verkältung), schnelles
Saufen (innerliche Verkältung), ungewohntes, schlechtes,
blähendes Futter, Ueberfütterung und durch Giftstoffe.
Man unterscheidet daher nach der Ursache:

1) Die Windkolik;
2) Die Verkältungskolik;
3) die Kolik von verdorbenen Futterstoffen;
4) die Ueberfütterungskolik; und
5) Die Vergiftungskolik.

101. Welche Heilmittel sind bei diesen verschiedenen Koliken
zulässig?

Kolikkranke Pferde werden in warme Ställe gebracht,
über den ganzen Körper, besonders den Bauch mit
Strohwischen oder wollenen Lappen tüchtig abgerieben,
mit wollenen Decken zugedeckt, der Bauch eingewickelt,
eine gute und trockene Streu gemacht, und das schnelle
Niederlegen und Zusammenstürzen verhütet. Die mit
Windkolik behafteten Pferde, das heißt solche, welche
sich angekoppt haben, dürfen im Schritte oder kurzen
Trabe abwechselnd eine Viertelstunde bewegt werden.

Das weitere Heilverfahren besteht in der Anwen=
dung von Oelklystieren aus 2 Schoppen warmen
Wassers, 6 Eßlöffelvoll reinem fetten Oel und 2 Loth
Kochsalz zusammengesetzt und von halb zu halb Stunde
wiederholt angewendet. Will man den Mastdarm mehr
reizen und die wurmförmige Bewegung befördern, so
setzt man Seifenklystiere.

Warmes Wasser, Chamillen= oder Hollunderblüthen=
Thee 2 Schoppen, dazu 4—6 Loth genießbares Oel
gesetzt und ein paar Löffelvoll Glaubersalz darin auf=
gelöst, kann dem Pferd durch das Maul als Einguß

gegeben werden. Dauert aber die Kolik längere Zeit, so müssen schleimige Eingüsse von abgekochten Leinsaamen oder Malven und Althaeenkräutern gemacht werden, wozu noch 4 Loth Glauber= oder Bittersalz zu setzen sind. Die weitere Behandlung, besonders die der Vergiftungskoliken, welche durch mineralische Gifte, als Gyps, Kalk, Farbestoffen 2c. oder durch Pflanzengifte, der Herbstzeitlosen, dem Stechapfel, dem rothen Fingerhut, dem Bilsenkraute 2c. entstehen, ist nur dem Arzte zu überlassen.

102. Durch was ensteht die Lungen= und Brustentzündung, wie äußert sie sich und was ist dagegen anzuwenden?

Die Lungenentzündung entsteht durch anhaltendes Laufen, besonders gegen rauhe und kalte Ost= oder Nordwinde; durch kaltes Tränken nach Erhitzung, oder durch schwüle und warme Luft im Stalle 2c.

Zuerst bemerkt man Fieber, mit wechselnder ungleich= vertheilter Temperatur der Haut, die Füße sind kalt, das Pferd ist traurig, steht unbeweglich mit gesenktem Kopfe und Halse und weitauseinander gestellten Vor= berfüßen, ist im Gange matt und steif, es frißt nicht gehörig, sauft öfters, hustet schmerzhaft, athmet kurz und beschleunigt, die ausgeathmete Luft ist wärmer, die Nasenschleimhaut stärker geröthet, Maul und Zunge trocken, der Mist klein geballt und der Urin dunkel.

Man bringt ein solch erkranktes Pferd in einen mäßig warmen Stall, deckt es leicht zu und reibt die Füße mit Strohwischen ab; entzieht ihm das trockene Futter und reicht angefeuchtetes, weniges, weiches aus Häckerling, Kleien, oder im Sommer aus gutem Gras bestehendes Futter; gibt ihm Mehltränke, Leinkuchen=

wasser oder gesäuerte Kleientränke; setzt die bei der
Kolik angewendeten Oelklystiere und gibt nöthigenfalls
von 2 zu zwei Stunden innerlich 2—3 Eingüsse aus
Leinsaamen= oder Althaeenwurzelschleim mit 4 Loth
Glaubersalz und 1—2 Loth Salpeter darin aufge=
löst. Sind die Athmungsbeschwerden heftig, so kann
im Nothfalle an der Halsader ein Aderlaß gemacht
werden.

103. Wie entsteht die Hirnentzündung, wie zeigt sie sich,
und was ist dagegen zu thun?

Die Hirnentzündung entsteht gern bei sehr reizbaren
vollblütigen Pferden, bei schnellen Witterungs= und
Fütterungswechseln, durch dumpfe heiße Stallluft, zu
fest geschnallte Kehlriemen 2c.; und zeigt sich meistens
durch Toben und Rasen, heftigem Athmen mit aufge=
sperrten Nasenlöchern, hervortretenden glänzenden Au=
gen, Hauen mit den Vorderfüßen, Steigen in die
Krippe, Zerreißen der Halftern durch Zurückhängen,
bewußtloses Schieben an den Baren, starkes Schwitzen 2c.

Die dagegen anzuwendenden Hilfsmittel bestehen
zunächst im anhaltenden Begießen mit kaltem Wasser
des Kopfes über die Hirnschale oder im Auflegen von
Eis, dann im Setzen von Kaltwasserklystieren von halb
zu halb Stunde und in dem Blutenziehen eines er=
giebigen Aderlasses von 8—10 Pfund an der Hals=
ader, oder durch Abschlagen von 2—3 Wirbel am
Schweifende.

Solche Patienten müssen baldigst dem Arzt überge=
ben werden.

104. Durch was entsteht die Urinverhaltung, wie ist sie zu erkennen, und was ist dagegen anzuwenden?

Die Urinverhaltung kann durch unterdrückte Hautausdünstung (Vertältung), langes Reiten oder Fahren ohne stille zu halten, damit die Pferde harnen können, auch durch Blasensteine 2c. entstehen.

Das Pferd wird unruhig, sieht nach dem Bauche und den Flanken, versucht sich zu legen, steht schnell wieder auf, Stuten erheben den Schweif, Wallachen hängen aus, der Urin geht nur tropfenweise, oder gar keiner ab, es tritt vermehrtes kurzes Athmen ein, das Pferd schwitzt, besonders an den Flanken 2c.

Das Pferd wird in einen warmen, wenn möglich Schafstall gebracht, die Streu gemacht, der Bauch, die Flanken und Lenden tüchtig abgerieben und Klystiere aus Pfeffermünzen= oder Hollunderblüthen=Aufguß gegeben und innerlich Eingüsse von Chamillenthee oder Hanssaamenmilch gereicht, zu welchen ein paar Löffelvoll Kochsalz gesetzt wird.

105. Was ist die Rehkrankheit, wie entsteht und äußert sie sich und was ist dagegen anzuwenden?

Die Rehkrankheit (Rehe), ist eine rheumatische Krankheit und befällt vorzugsweise die faserigen und sehnigen Gebilde (Muskeln, Sehnenscheiden und Häute) der Gliedmassen, wodurch sie steif, unbeweglich werden und gleich vom Anfange an den entzündlichen Charakter zeigen.

Die Rehe entsteht durch Kälte, Zugluft, nach forcirten Märschen, frühzeitigem Tränken und Schwemmen nach vorausgegangener Erhitzung, zumal wenn sie durch Ermüdung und Abmattung hervorgebracht wurde.

Das kranke Pferd ist sehr traurig und kann sich
nur mühsam mit Schmerzäußerung bewegen, stellt die
vier Füße zusammen, zeigt schmerzhafte Spannung der
Streckmuskeln, mit erhöhter Wärme, liegt es, so er=
hebt es sich nur unter großer Anstrengung. Ist es
aufgestanden, so zittert es am ganzen Körper, stöhnt
vor Schmerzen, die Hufe sind warm. Verminderte
Freß= aber vermehrte Sauflust bezeichnen den innern
Zustand. Diese Pferde werden tüchtig abgerieben, dann
mit wollenen Decken oder Schafpelzen zugedeckt, die
Hufe, nachdem vorerst die Eisen abgenommen wurden,
mit Lehm und Kuhmist eingeschlagen, die Einschläge
aber öfters mit kaltem Wasser und Essig angefeuchtet.
Zur Nahrung wird angefeuchtete Kleie, mit gesäuerten
Mehltränken, und im Sommer Gras, (Grünfutter) ge=
reicht, gute, trockene Streu gegeben, jede Zugluft ver=
mieden und bei hervorragenden Schmerzen mit Ent=
zündungserscheinungen kann auch ein Aberlaß von 6
—8 Pfunden gemacht werden.

106. Welche ansteckenden Krankheiten kommen bei Pferden
vor?

Diejenigen Krankheiten, welche im Verlaufe der
Zeit einen Ansteckungsstoff entwickeln, der auf andere
Pferde oder sonstige Thiere, ja selbst den Menschen
übergetragen, ähnliche Krankheiten hervorzubringen ver=
mag, wie die ursprünglichen selbst waren, oder über=
haupt nur zu Krankmachen im Stande ist, werden an=
steckende Krankheiten genannt und sind dieselben deß=
wegen bösartig und gefährlich, weil sie sich sehr schnell
weiter verbreiten und für sich, andere Thiere, und selbst
den Menschen tödtlich werden können.

Zu den **anstedenden Krankheiten** gehören:

1) Die gutartige und bösartige, sowie die bedenk-lidje Druse. — Jeder mit diesem Leiden ver-bundene Nasenausfluß, ist für andere Pferde von anstedender Natur;
2) der Rotz;
3) der Hautwurm; und
4) der Milzbrand — sind zugleich für den Men-schen äußerst gefährlich;
5) die veralteten jauchigen Geschwüre (Mauke);
6) die Brustseuche (Influenza);
7) die Nerven- und Faulfieber (Typhus); auch
8) die Wuthkrankheit ist durch Biße der Thiere an-stedend.

107. Welche Vorsichtsmaßregeln hat man bei diesen anstedken-den Krankheiten zu beobachten?

Pferde, die an einer dieser anstedenden Krankheiten leiden, sind so schnell wie möglich von den übrigen gesunden Pferden zu entfernen und allein zu stellen, damit diese der Gefahr der Anstedung entrüdt werden; dann müssen sie ihr eigenes Futter= und Tränkgeschirr erhalten und dürfen die für dieselben bisher verwen-beten Deden, Halftern, Putzzeug und übrigen Ge-genstände mit anderen Pferden nicht mehr in Berühr-ung kommen. Die Ställe und Unterkunftsplätze hin-gegen, wo bisher Pferde mit obigen Krankheiten behaftet, gestanden haben, sind, wenn es bekannt ist, mit ge-sunden Pferden nicht mehr zu bestellen, oder wenn dieselben doch bestellt werden müssen, so sollen vorerst Baren, Raufen und Stallböden mit siedendem Was-ser, scharfer Lauge oder Chlorkalkwasser gereinigt und

gewaschen werden und darf die alte Streu nicht mehr
benützt werden. Weitere Maßregeln werden auf ge=
gebene Anzeigen höheren Orts gegeben. Hat sich aber
ein Mann irgendwo selbst verwundet und an dieser
Stelle sich mit dem Nasenausfluß oder einer bösartigen
Geschwürmaterie eines solch erkrankten Pferdes besu=
delt, so muß er sofort die Wunde mit Seife reinigen
und mit Lauge ausbeizen, ätzen und sie einem Arzte
zeigen.

D.

Nothverbandlehre.

108. Was ist beim Nothverbande zu wissen erforderlich?

Wenn Pferde auf dem Schlachtfelde, oder bei einer anderen Gelegenheit durch Geschosse, Hieb= und Stich= waffen verwundet werden und starke Blutungen ein= treten, so muß, um solche Blutungen zu verhüthen, zu stillen, ein Nothverband angelegt werden.

Um einen Nothverband anlegen zu können, ist die nähere Kenntniß vom Blute und dem Blutkreislaufe erforderlich.

Das Blut ist eine rothe, warme Flüßigkeit, welche in eigenen Gefäßen, den sogenannten Adern, alle Theile des Pferdekörpers durchströmt und dieselben ernährt.

Die Bewegung des Blutes in den Adern heißt Kreislauf, dessen Mittelpunkt das Herz ist.

109. Was ist von den Blutgefäßen und dem Blute zu wissen erforderlich?

Jene Adern, welche das Blut vom Herzen zu allen Theilen des Körpers führen, nennt man Schlag= oder Pulsadern, diese Adern enthalten ein hellrothes Blut.

Diejenigen Adern dagegen, welche das Blut von allen Körpertheilen wieder zum Herzen zurückführen, werden Blutadern genannt, und es ist in ihnen dunkelrothes Blut enthalten.

Das durch die Blutadern zum Herzen zurückgekehrte dunkelgefärbte Blut wird von da durch eigene Gefäße in die Lungen geführt, wo es durch die Berührung mit der durch die Luftröhre eingeathmeten Luft wieder eine hellrothe Farbe erhält, und zur Ernährung des Körpers tauglich gemacht wird. Aus den Lungen kehrt es zum Herzen zurück, und beginnt von da abermals den oben beschriebenen Kreislauf durch die Schlagadern zu allen Theilen des Körpers.

110. Wie verhält sich die Bewegung des Blutes in den Adern bei Verwundungen?

Das hellrothe Blut der Schlagadern spritzt, wenn ein solches Gefäß verletzt wird, stoßweise hervor; während das dunkelrothe Blut der Blutadern in einem ununterbrochenen Strahle hervorquillt.

111. Welche Lehre ist daraus für den Verband zu ziehen?

Da die Schlagadern das Blut vom Herzen gegen den Umfang des Körpers führen und unter den Blutadern liegen, so wird bei Verletzungen derselben die Blutung gestillt werden, wenn man die blutende Ader zwischen der Wunde und dem Herzen zusammendrückt. Bei den Blutadern hingegen, die das Blut von den verschiedenen Körpertheilen zum Herzen zurückführen, muß der Druck zur Blutstillung auf die verletzte Blutader stets auf der Seite der Wundstelle, das ist vom

Herzen entfernt gegen den Körperumfang, hin ange=
bracht werden.

112. Wie ist das Blut zu stillen?

Bei jeder Blutung ist darauf zu sehen, ob das
Blut aus mehreren kleineren Gefäßen, oder aus einer
einzigen größeren Ader hervorquillt, dann ob es Schlag=
ader= (hellrothes) oder Blutader= (dunkelrothes) Blut
ist. Fließt das Blut bei einer Verletzung in geringer
Menge, so sind meist Umschläge von kaltem Wasser,
welche man mittelst eines Sacktuches, oder eines an=
deren leinenen Lappens anwendet, hinreichend.

Reicht das kalte Wasser nicht aus, so wendet man
eine größere Menge kurzgeschnittenes Werg oder ge=
zupfte Fäden an, aus welchen ein den Wunden anpas=
sendes Bäuschchen gemacht wird. Dieses wird mit
starkem Branntwein oder Essig angefeuchtet, in die
Wunde gelegt und die letztere mit Sacktüchern, Binden
oder sonst zunächst gelegenen Verbandmaterialien zu=
gebunden, oder aber die Haut über dem Bäuschchen mit
Nadel und Faden zusammengenäht.

Sind in die Wunde fremde Körper, als Haare,
Papier von der Patrone oder Stücke von der Rüstung
eingedrungen, so müssen dieselben, wenn es leicht an=
geht, vorerst weggeschafft werden.

113. Wie ist die Blutung durch Druck zu stillen?

Wenn das Blut aus größeren Schlagadern hervor=
strömt, dann werden diese Mittel zum Blutstillen nicht
immer ausreichen, daher müssen solche angewendet wer=
den, wo durch Druck die Adern zusammengepreßt und
der Blutlauf unterdrückt wird. Zu diesem Zwecke

3

nimmt man Werg oder Charpieballen, wickelt diese in ein Stück Leinwand, legt dieselben auf die zu unter- drückende Schlagader zwischen der Wunde und dem Herzen, wo die verletzte Ader unter der Haut am nächsten liegt und bringt durch einen darüber ange- legten Verband den Druck hervor, der nöthig ist, die Blutung zu stillen; statt des Wergballens kann im Nothfalle ein runder Stein, oder sonstiger harter Körper, der am nächsten zur Hand ist, genommen werden.

115. Welch sonstigen blutstillenden Mittel wären noch im Mo- mente der Gefahr anzuwenden? *)

Wenn bei Schußwunden Kugeln in der Nähe großer Gefäße in den Körper eingedrungen sind, so dürfen dieselben vom Reiter nicht entfernt werden, weil da- durch erst die Blutung nachfolgen würde und nicht mehr zu stillen wäre. Werden kleinere Gefäße ver- letzt, welche nach längerer Zeit Verblutung zur Folge haben, so müssen sie mit kaltem Wasser, welches mit Essig vermischt wird, anhaltend geduscht werden, oder man legt Zündschwamm, Spinnengewebe, selbst Asche darauf und verstopft sie damit, und im letzten Falle

---

*) Ein origineller Nothverband ereignete sich im Jahr 1849 bei dem Gefechte in der Gegend von Waghäußel in Baden bei einem preußischen Husarenpferde. Der Soldat stürzte im Ge- fechte; als er sich erhob, sah er sein Pferd am rechten Vor- arm stark bluten, er drückte im ersten Momente die Wunde mit der Hand zu, allein er konnte das in stoßender Bewegung her- vorspringende Blut nicht stillen, es fiel ihm ein, daß er ein Eß- besteck in der Pistolenhalfter habe, er holte aus demselben die dreizinkige Gabel hervor, umbog sie zu einem Hacken, faßte da-

werden blutende Gefäße im Momente der Gefahr, mit der Hand zugehalten, mit Sacktüchern verbunden und das verwundete Pferd dem Arzte zugeführt.

---

mit die blutende Aber mit dem umliegenden Zellgewebe, drehte selbe einigemale um die Achse, nahm Haare aus der Mähne, umwickelte das Blutgefäß damit, stillte so die Blutung, und verband die Wunde mit seinem Sacktuche.

Er führte das Pferd nach Germersheim zurück, wo es in ärzliche Behandlung genommen und nach 6 Wochen geheilt entlassen wurde.

Die Verwundung geschah durch ein Granatenstück, welches Haut, Fleisch und Blutgefäße wie ein Messer durchschnitten und weggerissen hatte.

E.

Von den üblen Gewohnheiten der Pferde.

115. Welche üblen Gewohnheiten sind bei den Pferden im Stalle wahrzunehmen?

Zu den am meisten vorkommenden üblen Gewohnheiten, die bei Pferden im Stalle beobachtet werden, rechnet man:

1) Das Maulschlagen;
2) das Speichelschlürfen oder Sürfeln;
3) das Barnwetzen;
4) das Krippenbeißen;
5) das Nagen;
6) das Lederfressen;
7) das Koppen, Köcken; a) als Krippensetzer, b) Aufsetzkopper, und c) Luftkopper;
8) das Halfterabstreifen;
9) das Aberbeißen;
10) in die Halfterkette hängen;
11) in die Halfterkette treten;
12) das Leineweben oder der Bärentritt;
13) das Anlehnen mit dem Hintertheil an die Standsäule und das Reiben mit dem Schweife an derselben;

14) das Schildern, wo die Pferde die Füße auf die Krone der anderen aufstellen;
15) Widersetzlichkeit beim Putzen, Satteln und Beschlagen;
16) Kitzlichkeit unter dem Schweife;
17) das Schlagen gegen den Mann oder andere Pferde;
18) das Beißen.

116. Welche kommen außerhalb des Stalles und während des Dienstes vor?

Zu den während des Dienstes vorkommenden üblen Gewohnheiten rechnet man zunächst die Untugenden, welche ihren Grund in den Steifungen verschiedener Skeletparthien haben.

1) das Nicken mit dem Kopfe;
2) das Aufwärtsschlagen;
3) das Sterngucken;
4) das Verkappen;
5) das Drängen in die Zügel;
6) das Steigen;
7) das Bocken;
8) Schlagen nach dem Sporen, nach dem Strange;
9) Zurückkriechen hinter den Zügel;
10) die Unruhe beim Aufsitzen;
11) das Zungenstrecken und Stangenfassen;
12) die Scheue und das Durchgehen;
13) die Stätigkeit; und
14) die Widersetzlichkeit.

117. Inwiefern sind die üblen Gewohnheiten zu wissen von Vortheil?

Manche dieser Gewohnheiten entstehen durch vernach=

läßigte Wart und Pflege, wenn z. B. die Schweife oder Feßeln nicht gehörig gereinigt werden, so suchen sich die Pferde an dieser Stelle zu reiben, scheuern und treten in die Halfterkette.

Fehlerhaftes Zäumen, Satteln und zu festes Gurten, kann Widersetzlichkeit, ja selbst Krankheiten hervorrufen; daher müssen die zu diesen üblen Gewohnheiten Anlaß gebenden Ursachen entfernt oder gehoben werden.

118. Wie ist den daraus entspringenden Krankheiten vorzubeugen?

Manchen Untugenden, wie z. B. dem Koppen, welches Krankheiten zur Folge haben kann, ist dadurch abzuhelfen, daß man diesen Pferden diejenigen Gegenstände, woran sie nagen, beißen und zum Koppen aufsetzen wegräumt, und denselben so viel wie möglich Beschäftigung durch Arbeit und Bewegung zuweist, damit sie von den aus Langweile zu lernenden Uebeln abgehalten werden.

F.

Gesundheitspflege (Diätetik.)

119. Was versteht man unter Gesundheitspflege (Diätetik.)

Die Gesundheitspflege hat die Aufgabe, die Pferde in dem Zustande zu erhalten, wo sie sich im möglichst hohen Grad von Wohlsein befinden, das heißt vollkommen gesund sind, um den Anforderungen des Dienstes in jeder Beziehung entsprechen zu können.

120. Wann nennt man das Pferd gesund?

Gesund nennt man das Pferd, wenn dessen Lebens- und Körperverrichtungen dem Naturzwecke vollkommen entsprechen, das ist, wenn der Blutkreislauf, das Athemholen, die Verdauung, die Hautausdünstung, die Ausleerungen und Sinnesverrichtungen mit Ordnung, Leichtigkeit, Stärke und Ausdauer vor sich gehen.

121. Welches Aussehen hat ein gesundes Pferd?

Das gesunde Pferd hat ein frisches, lebendiges Aussehen, klare, helle, feuchte, glänzende, durchsichtige Augen, rosenrothe, feuchte Nasenriechhaut, ebensolche Auskleidungen der Maulgebilde, die Deckhaare sind anliegend, glatt, glänzend, alle Bewegungen gehen leicht und munter vor sich, das Pferd frißt mit Lust und sauft gern, athmet leicht und gleichförmig mit ruhigen Nasenflügel- und Flankenbewegungen und die Ausleerungen des Pferdes sind regelmäßig.

122. Welche Gegenstände umfaßt die Gesundheitspflege?

Zu den verschiedenen Einflüßen, die die Gesundheit bedingen, rechnet man:

1) Die Atmosphäre oder die Luft mit den Winden;
2) die Jahreszeiten;
3) die Nahrungsmittel mit Getränk;
4) den Aufenthaltsort oder die Ställe;
5) die Pflege der Körperoberfläche mit dem Huf;
6) Licht und Finsterniß;
7) die Bewegung und Ruhe;
8) Schlafen und Wachen;
9) die Leidenschaften als, Zorn, Schrecken, Furcht ꝛc.

123. Was hat man von der atmosphärischen Luft zu wissen nothwendig?

Die atmosphärische Luft ist aus 72 Theilen Stickstoff oder Stickluft und aus 27 Theilen Sauerstoff oder Lebensluft und einem Theil Kohlenstoff zusammengesetzt und mit Wasserdünsten vermengt. Man hat dieselbe hinsichtlich der Kälte und Wärme, der Trockene und Feuchtigkeit, der Schwere und Leichtigkeit, der Ruhe und Bewegung, und ob sie rein oder unrein ist, zu betrachten.

124. Welchen nachtheiligen Einfluß üben die Kälte oder Wärme auf die Pferde aus?

Wenn die Pferde im Dienste erhitzt worden sind, somit stärker ausdünsten und selbst in Schweiß gerathen, so muß man darauf sehen, daß dieselben nicht in kalte Ställe oder noch mehr in Zugluft zu stehen kommen, weil sie dadurch krank werden.

Man bringt daher nach geschehener Arbeit die Pferde in warme und geschlossene Ställe und läßt sie mit Stroh trocken reiben und mit wollenen Decken zudecken.

Die zu große Wärme ermattet die Pferde, die Lebens= kräfte sinken darnieder, man hüte sich daher wo mög= lich bei zu großer Schwüle und Sonnenhitze sie zu übertreiben, besonders aber schütze man den Vorkopf und die Stirne mit Laub und kurzem Reisig vor dem heftigen Einfallen der Sonnenstrahlen, weil dadurch auf Märschen leicht Schwindel, Ohnmacht und Gehirn= entzündung entsteht. Auch muß der zu schnelle und grelle Wechsel der Temperatur so viel als möglich vermieden werden.

125. Welchen Einfluß haben Trockene und Feuchtigkeit der Luft?

Wenn im Sommer, besonders bei heißen Tagen, die atmosphärische Luft sehr warm und trocken ist, be= gießt man die Ställe mit kaltem Wasser und im Win= ter bei kalter Witterung, wo die Ställe längere Zeit geschlossen sind und die in denselben vorhandene Luft feucht und unrein ist, müssen Fenster, Thüren 2c., wenn die Pferde aus den Ställen entfernt sind, geöffnet werden.

Die feuchte Luft durch Nebel, Thau und Reif ist deßwegen zu beachten, weil das bei solchen Witterungs= verhältnissen eingeheimste grüne Futter leicht schädlich werden kann.

126. Was bewirkt die Schwere und Leichtigkeit der Luft?

Der plötzliche Wechsel der schweren zur leichten Luft und umgekehrt, ist den Thieren nachtheilig. Die schwere Luft in Thälern und sumpfigen Gegenden, in eingeschlos=senen Räumen mit einem bestimmten Grad von Feuchtig=keit vermischt, ist wahres Gift für die thierische Gesundheit.

127. Welchen Einfluß haben die Winde?

Sowohl die immer ruhig stehende als die bewegte Luft kann von großem Nachtheil für das Thier werden, daher ist es nöthig, daß ein öfterer Wechsel eintritt, damit durch die Winde die verdorbene, unreine und stillstehende Luft in Ställen, Thälern, Morästen und nassen Gegenden gereiniget und gebessert wird.

128. Durch was wird die unreine Luft erzeugt und welche Folgen hat sie?

Die unreine Luft wird erzeugt:
1) durch das Athmen der Menschen und Thiere;
2) durch die Ausdünstung der gesunden, und noch mehr der kranken lebendigen Wesen;
3) durch die Ausdünstung stehender Wässer und Sümpfe;
4) durch den Gährungsprozeß und das Faulen von vegetabilischen und todten thierischen Körpern;
5) durch die Ausdünstung wohlriechender Pflanzen;
6) durch die Verdünstung von mineralischen Gift=stoffen, in Bleibergwerken 2c.; und
7) durch die Ansteckungsstoffe von Thieren und Menschen.

Die mit solchen Ausdünstungen verunreinigte Luft kann die schlimmsten Krankheiten: Koller, Nervenfieber (Typhus), Rotz, Wurm und Seuchen zur Folge haben.

Die verdorbene Luft kann gereiniget und verbessert werden: Durch frischen Luftzutritt und Luftzug (Winde); durch das Licht; durch einen hohen Wärme= und Kältegrad; durch längere Einwirkung von großen Mengen Wassers; durch Räucherungen mit Essig, Wachholder; Chlorkalk und Salzsäure.

129. Welchen Einfluß haben die Jahreszeiten auf die Gesundheitspflege der Pferde?

Durch den Wechsel der Jahreszeiten geht in dem Pferdekörper eine bedeutende Veränderung vor. Vom Uebergang des Winters auf den Frühling tritt die Härung ein, das heißt, die Pferde verlieren die langen Winterhaare und an deren Stelle treten die kurzen, glatten, glänzenden Sommerhaare; die Haut und Athmungsorgane sind in dieser Periode sehr empfindlich und zu Verkältungskrankheiten geneigt.

Ebenso verhält es sich beim Uebergange vom Sommer auf den Herbst und Winter, wo die Winterhaare wieder zum Vorschein kommen.

Die Pferde müssen in diesen Zeitperioden in gutem gleichmäßigen Futter gehalten und nicht übermäßig angestrengt werden, weil sie bei diesen Wechselverhältnissen mehr Nahrungsstoffe verbrauchen und zu Krankheiten die vorherrschende Anlage besitzen.

130. Was versteht man unter Nahrungsmitteln?

Nahrungsmittel werden alle diejenigen Stoffe genannt, die das Pferd von Außen durch das Maul aufnimmt, vermittelst der Zähne zermalmt, kaut und durch die Hinterleibsorgane verdaut, welche dann in Milchsaft und Blut umgewandelt werden und so den ganzen Körper ernähren.

4*

131. Welches sind die gesündesten Nahrungsmittel für die Pferde?

Die gesündesten und besten Nahrungsmittel erhält man für die Pferde blos aus dem Pflanzenreich, dazu gehören die Gräser und Kräuter mit Blumen, Saamen, Blättern und Wurzeln ꝛc., sowohl im trockenen als grünen Zustande.

132. Welche Gräser und welche Theile davon sind dem Pferd am zuträglichsten?

Alle Getreidearten und von diesen sind am besten die Saamenkörner und unter dem Körnerfutter ist am zuträglichsten und leicht verdaulichsten für das Pferd der Haber.

133. Von welcher Beschaffenheit soll der gute Haber sein?

Der Haber muß als Pferdefutter folgende Eigenschaften haben:
1) gehörig reif (zeitig);
2) trocken, hart, rein und dabei
3) großkörnig, kurz schwer und dünnbalgig sein;
4) eine weißgelbe oder schwarze Farbe haben; und
5) weder einen beißenden, schimmeligten noch faulen Geruch besitzen.

134. Wie folgen die übrigen Getreidearten der Güte nach als Futter?

Nach dem Haber ist das beste Körnerfutter die Gerste; dann folgt der Waizen, Buchwaizen, die Bohnen, Erbsen, Linsen, Wicken, der Mais und Roggen.

135. Was gibt es außer dem Körnerfutter für weitere Nahrungsmittel?

Außer dem Körner= oder Kurzfutter wird für die

Pferde noch das Heu, Stroh und getrockneter Klee ꝛc.
als Rauh= oder Langfutter gefüttert.

136. Wie soll das gute Heu beschaffen sein?

Das Heu muß eine blaßgrüne Farbe, einen aro=
matischen Geruch haben und mit vielen ätherisch=bal=
samischen Kräutern und Blumen versehen sein, und
soll weder zu kurz noch zu lang und grobhalmig, noch
mit giftigen Pflanzen vermischt, gefüttert werden.

137. Welches Heu ist das schädlichste?

Zu dem schädlichen und der Gesundheit höchst nach=
theiligen Heu rechnet man: daß zu neue, saure, schil=
fige, dumpfige, staubige und wohl gar schimmeligte
Heu.

138. Zu welchem Zweck wird das Stroh verwendet?

Das Stroh wird zu zwei verschiedenen Zwecken ge=
braucht:

1) Wird es zu Häckerling geschnitten, mit Heu ver=
mengt und als kurzes Futter, oder aber auch in die
Raufe gesteckt, als Langfutter gefüttert, dazu ist be=
sonders Haber=, Gersten=, dann Waizen= und Roggen=
stroh zu verwenden.

2) Wird dasselbe zum Einstreuen als Lagerstroh der
Pferde verbraucht, wozu das Roggenstroh, wenn es
gebrochen, am geeignetsten ist.

139. Wie muß das Stroh beschaffen sein, besonders wenn
es als Futter gebraucht wird?

Das Stroh muß zur Verwendung als Futter trocken
und unverdorben sein, weder einen dumpfigen, noch
gar faulen Geruch besitzen, auch nicht zu harthalmig

und wenn es zu Häckerling verbraucht wird, so viel als möglich kurz geschnitten werden.

140 Wie viel Futter bekommt das Militär=Pferd täglich?

Das Futterquantum richtet sich nach den verschiede= nen Waffengattungen und bekommen täglich an:

1) Haber 7½ Pfund]
   Heu 6 Pfund] die Chevauleger, Uhlanen=
   Lagerstroh 3 Pfund] und Artillerie=Reitpferde;

2) Haber 9 Pfund] die Cuirassier=, Artillerie= Zug=
   Heu 7 Pfund] und Fuhrwesens=Pferde.
   Lagerstroh 3 Pfd.]

Der Haber wird in gleiche Theile, das Heu zu ¼ des Morgens, ¼ des Mittags, und zur Hälfte als Abendfutter verabreicht.

Die Remonten erhalten die ersten 30 Tage nur ⅔ der normirten Haberration; dagegen ein Pfund Heu mehr täglich, daher:

1) Haber 5 Pfund]
   Heu 7 Pfund] der leichte Schlag;
   Lagerstroh 3 Pfd.]

2) Haber 6 Pfund]
   Heu 8 Pfund] der schwere Schlag; und
   Lagerstroh 3 Pfd.]

in den ersten 60 Tagen eine Haberstroh = Zulage von 4 Pfund täglich, und nach diesem Zeitraume noch 30 Tage 2 Pfund täglich.

Diese Strohzulage wird zur Hälfte lang, zur Hälfte als Häckerling, in den ersten zwei Monaten mit dem Haber gemengt und angenetzt, im dritten Monate je= doch nur trocken verfüttert.

141. Wenn in Kriegs = und anderen Verhältnissen Körner=
und Heufutter nicht vorhanden ist, was wird dann ge=
füttert?

Wenn in Zeiten der Noth bei Cantonnirungen und
anderen Verhältnissen weder Körner = noch Heufutter
vorhanden ist, so ist man in Sommerszeiten genöthigt,
weiches grünes Futter — Gras und Klee zu füttern.

Kommt man in den Fall, wo grünes Futter ge=
füttert wird, so muß so lang als möglich trockenes
mit grünem Futter vermischt werden, und darf nur
allmählig von der harten zur weichen Fütterung über=
gegangen werden. Sehr zweckmäßig wäre es, wenn
Gras und Heu mit Stroh zu Häckerling geschnitten
in kleine Portionen getheilt, in mehr oder minder
größeren Zwischenräumen, gereicht würde; ferner soll
nie mehr grünes Futter beigeschafft werden, als was
in einem Tag verfüttert wird, dann muß es an einem
schattigen und luftigen Ort aufbewahrt, von Thau
und Reif befreit, nicht erwärmt, oder gar in
Gährung übergegangen sein. Bei der Grasfütterung
muß vor dem Füttern getränkt werden.

142. Wenn auch grünes Futter nicht mehr zu haben ist, was
ist dann zu thun?

Wenn Körner = und selbst grünes Futter fehlt, so
ist man zur Fütterung von Wurzelgewächsen ange=
wiesen; dazu eignen sich am besten die Kartoffeln,
weiße und gelbe Rüben, Mohrrüben, Kohlrüben und
Rettige.

143. Wenn man auch keine Wurzelgewächse mehr haben kann,
auf welches Futter ist man ferners beschränkt?

Ist weder trockenes, kurz, lang und grün Futter,

noch Wurzelgewächs zu haben, so wird man auf die Nahrung von Bäumen angewiesen, wozu man die Früchte, ja im Nothfalle das Laub derselben, sowie die Baumrinden zu Brod gebacken als Futter verwendet.

144. Wie können die Nahrungsmittel den Thieren überhaupt schädlich werden?

Die Nahrungsmittel können den Thieren schädlich werden:

1) Wenn sie in zu großer oder zu kleiner Menge gegeben;

2) wenn sie nicht in gehöriger Ordnung und Zeitfolge gefüttert werden;

3) wenn sie von zu schlechter Beschaffenheit;

4) wenn sie nicht zubereitet, zu grob und unverdaulich; und

5) wenn sie von giftiger Natur sind.

145. In welcher Zeit sollen die Pferde gefüttert werden?

Die Pferde, welche arbeiten, werden in der Regel täglich dreimal gefüttert und zwar Morgens um 5, Mittags um 12 und Abends um 6 Uhr. Bei Märschen, Cantonnirungen und sonstigen Verhältnissen richten sich die betreffenden Futterzeiten je nach dem Dienste, wozu die Pferde verwendet werden.

146. In welcher Ordnung soll die Fütterung vor sich gehen?

Die Futterordnung besteht darin, daß man zuerst Baren und Raufen reiniget, dann die Haberportion einschüttet; ist dieselbe aufgezehrt, so wird nach gegebenem Zeichen getränkt, nachher Heu aufgesteckt und wenn dasselbe gefressen, nochmals nachgetränkt. Das

Nachtränken muß besonders überwacht werden, weil die Stallwachen aus Nachlässigkeit dasselbe oftmals versäumen.

147. Was hat man zu thun, wenn in Zeiten der Noth dennoch schlechte Fourage gefüttert werden muß?

Kommt man in Verhältnisse, wo schlechte und verdorbene Fourage gefüttert werden muß, dann wird der Haber portionsweise, ehe man ihn füttert, mehreremal mit frischem Wasser ausgewaschen und an der Luft oder Sonne getrocknet. Das unreine Heu hingegen muß durchgedroschen und ausgestaubt werden; ist es feucht, oder schimmelig, so wird es vorerst getrocknet, gelüftet und zur Fütterung vorbereitet. Solches Futter kann auch mit gestoffenen Wachholderbeeren und beigemengtem Kochsalz verbessert werden.

148. Welches ist das beste Getränk für das Pferd?

Das zuträglichste und gesündeste Getränk für das Pferd ist das reine unverdorbene frische Wasser und so oft gereicht, als das Thier Verlangen darnach hat.

149. Wie wird das Wasser der Güte nach eingetheilt?

Das Wasser wird der Güte nach eingetheilt in:
1) gutes Wasser,
2) mittelmäßiges; und
3) schlechtes Wasser.

150. Welches Wasser kann man gut, mittelmäßig und schlecht nennen?

Zu dem guten Wasser rechnet man das Quellen-, Brunnen- und Flußwasser; zum mittelmäßigen, das Teichwasser, das Wasser in tiefen Brunnen und Weihern; zu den schlechten zählt man das stehende faule Wasfer in Pfützen, Kothlacken, Gräben und eingeschlossenen Behältern.

151. Wie kann man mittelmäßiges und schlechtes Wasser verbessern und trinkbar machen?

Das mittelmäßige und schlechte Wasser kann verbessert werden:

1) indem man glühende Holzkohlen in dasselbe wirft, und längere Zeit liegen läßt, dieselben ziehen dann die fauligen Bestandtheile an sich, oder

2) man setzt zu demselben Kochsalz, noch besser Essig oder Schwefelsäure bis es einen säuerlichen Geschmack bekommt; am besten aber

3) reinigt man schlechtes Wasser, wenn man es durch Sandkörbe seiht oder in künstlich angelegten Cysternen läutern und durchsickern läßt.

152. Wo halten sich die Pferde auf?

Um die Pferde vor schädlichen Witterungseinflüßen zu schützen, zu warten und pflegen, und ihnen die nöthige Ruhe zu gönnen, wird es nothwendig daß dieselben in gut gebaute und gesunde Ställe untergebracht werden.

153. Welche Einrichtung erfordert ein gutgebauter Stall?

Ein gut gebauter Stall erfordert, daß derselbe in eine trockene, nicht zu sehr den Winden ausgesetzte Lage zu stehen kommt, die gehörige Räumlichkeit besitzt, zweckmäßig angebrachte Thüren und Fenster hat, mit den erforderlichen Dunströhren Abzugskanälen versehen ist, dann gute Böden, Baren, Raufen und richtig eingetheilte Stände hat.

154. Was versteht man unter der Pflege des Pferdekörpers und Hufes?

Unter der Pflege der Körperoberfläche versteht man das Bedecken der Pferde, das Putzen und Reinigen mit Striegel und Kardätsche und das Waschen der nicht zu striegelnden und abzureibenden Körpertheile.

155. Wann sollen die Pferde mit Decken zugedeckt werden?

Das Bedecken des Pferdes ist für gewöhnlich nicht nothwendig, sondern wenn die Pferde, besonders bei kalter Jahreszeit oder in kalten Stallungen, vom Dienstgebrauche zurückkehrend, stark erhitzt sind, so müssen sie so lange zugedeckt werden, bis sie abgetrocknet sind, oder wenn dieselben nach scharfen Ritten in Schweiß gerathen und plötzlich längere oder kürzere Zeit stille stehen, so ist wo möglich für Bedeckung zu sorgen.

156. Welche Theile des Pferdekörpers dürfen gestriegelt werden?

Diejenigen, wo die Haut nicht unmittelbar auf den Knochen aufliegt, als Hals, Schultern, Brust, Bauch, Kruppe, vordere Gliedmassen bis an's Knie, und hinteren Füße bis an's Sprunggelenk' darf man striegeln.

Kopf und Rückgrat, sowie die unteren Theile der Gliedmassen dürfen nicht gestriegelt werden.

157. Wo wird mit dem Striegeln angefangen und wie wird dasselbe ausgeführt?

Das Striegeln beginnt auf der linken Seite des Halses, nachdem zuerst die Mähnenhaare auf die entgegengesetzte gelegt sind, und zwar darf mit dem Striegel nicht zu sehr aufgedrückt und dadurch die

Haut verletzt und verwundet werden, sondern es wer=
den die Striche nur langsam und leicht geführt und
so die Schuppen und der Staub losgetrennt und auf=
gelockert; es wird dann vom Hals aus auf der linken
Seite des Körpers fortgefahren und wenn diese been=
det, auf die rechte übergegangen. Der Striegel darf
ungleich vorstehende Zähne nicht haben.

158. Worin besteht das Karbätschen?

Nachdem mit dem Striegel der Staub gelockert ist,
wird mit der Karbätsche einigemale im Kreise herum=
gefahren, dann der erste lange Strich mit, dann gegen,
dann wieder mit den Haaren geführt und zuletzt der
auf der Karbätsche liegende Staub mit dem Striegel
abgenommen und auf dem Boden ausgeklopft.

159. Wie werden die Mähnenhaare und der Schweif her=
    gerichtet?

Schopf und Schweif müssen mit den Händen aus=
gelesen und die Schweifrübe mit der Karbätsche ge=
reiniget werden.; die Mähnenhaare kann man aus=
kämmen und mit zuerst naß gemachten und ausge=
wundenen tuchenen Lappen anfeuchten, um eine bes=
sere Richtung und Lagerung der Haare zu erzielen.

160. Welche Theile des Pferdes dürfen gewaschen werden?

Zuerst werden die Augen, dann die Nasenlöcher,
das Maul, der After, die Geschlechtstheile und zuletzt
die Hufe, mit reinem, frischem Wasser, gewaschen.

161. Worin besteht die Hufpflege?

Die Hufpflege besteht darin, daß gute Hufe gesund
erhalten und kranke verbessert werden. Dies wird er=
reicht:

1) Durch die Reinigung der Hüfe,

2) durch ein zweckmäßiges Hufbeschläg, und

3) durch kühlende und erweichende Einschläge und Hufsalben.

162. Worin besteht die Reinigung der Hüfe?

Die Reinigung der Hüfe geschieht dadurch, daß sie täglich Früh und Mittags zur Stallzeit und außerdem nach gegebener Bewegung mit frischem Wasser gewaschen werden, dürfen aber mit Sand nicht abgerieben oder mit Messern abgeschabt werden, sondern das Waschen hat mit bloßen Händen, oder mit Stroh und Waschlumpen zu geschehen; Sohle und Strahlspalten werden mit hölzernen Messern gereinigt.

163. Worin besteht das regelmäßige Beschläg?

Das gute Beschläg besteht darin, daß dasselbe regel- und kunstgerecht ausgeführt wird und daß die Hufeisen der Form und Beschaffenheit des Hufes, der Gangart und dem Gebrauchszwecke des Pferdes vollkommen entsprechen.

164. Worin besteht die Behandlung mit Einschlägen und Hufsalben?

Bei anhaltender trockener Witterung, bei größeren Märschen auf hartem Boden, spröde, trockene, Zwang- und Platthüfe, sowie einige Tage ehe die Pferde beschlagen werden, müssen die Hüfe entweder mit kühlender Lehmerde oder Kuhkoth eingeschlagen und in Ermangelung dieses einige Zeit in frisches Wasser gestellt werden.

Außer diesen Einschlägen sollen solche Hüfe noch von Zeit zu Zeit mit Schwein- oder Kammfett, Un-

ſchlitt oder eigens zubereitenden Huffalben, einge-
ſchmiert, weich und geſchmeidig erhalten werden.

165. Welchen Einfluß haben Licht und Finſterniß auf die Pferde?

Das Licht iſt als nothwendiger Lebensreiz für den
Organismus des Pferdes unbedingt erforderlich: es
erregt und beſördert in mäßigem Grade ſämmtliche
Lebens = und Sinnesverrichtungen, kann aber durch
Uebermaß auf die Augen oder das Gehirn als Reiz
und Sonnenſtich oder durch Mangel deſſelben als anhaltende Finſterniß ſchädlich werden; daher müſſen
Fenſter, wo die Sonnenſtrahlen direkt auf den Pferde-
kopf fallen, in Ställen vermieden oder bedeckt werden.

166. Was iſt bei der Bewegung und Ruhe der Pferde zu
beobachten?

Die Bewegung der Pferde richtet ſich nach der
Jahres = und Tageszeit, den Witterungsverhältniſſen
und ſonſtig gegebenen Dienſtesumſtänden.

Es iſt beſonders bei jungen Pferden nothwendig,
daß dieſelben, je öfter je beſſer, Bewegung erhalten,
damit die Kräfte entwickelt werden und der Körper abgehärtet wird. Im Sommer ſind wo möglich die
Morgenſtunden wegen ſpäter eintretender Hitze und
im Winter die Vor= und Nachmittagsſtunden, wegen
der in den Frühſtunden vorhandenen Kälte zur Bewegung und Beſchäftigung der Pferde zu benützen.

167. Auf was iſt bei der Bewegung die Aufmerkſamkeit zu
richten?

Während die Pferde bewegt werden, iſt darauf zu
ſehen:

1) daß die Bewegungen allmählig von der langſamen
zur ſchnelleren Gangart übergehen;

2) dürfen die Pferde nicht anhaltend bis zur Erschöpfung in der erhöhten Gangart fortgeritten werden;

3) müssen dieselben in der Colonne an- und aufgeschlossen verbleiben, um das Zurückbleiben und Aufreiten zu verhüten;

4) müssen die Reiter die Pferde in der Hand haben und durch die Hilfen aufmuntern und antreiben, damit sie der Colonne nachkommen und das Stolpern und Niederfallen verhindert wird;

5) im Winter bei schnell eintretendem Glatteis wo die Eisen noch nicht geschärft sind, sollen dieselben nach gegebenen Umständen an der Hand mit aller Vorsicht geführt werden;

6) bei verschiedenen Witterungsverhältnissen hat sich die Bewegung nach den vorhandenen Wärme- und Kältegraden zu richten, ob in mehr schneller oder langsamer Gangart geritten werden kann und ob Wärme, Schnee und Hagelwetter eine Beeinträchtigung erfordern, und ob die Pferde bedeckt werden sollen.

So nothwendig und wohlthätig die Bewegung für den gesunden Zustand ist, ebenso vortheilhaft, ja unerläßlich ist die zu gönnende Ruhe, damit die angestrengten Glieder und Körperverrichtungen wieder ausruhen können und gestärkt werden.

168. Bedürfen die Pferde auch des Schlafes?

Durch die Ruhe werden die Muskeln und durch den Schlaf die Nerven gestärkt; somit ist der Schlaf unerläßlich, welcher beim Pferde stehend oder liegend eintritt. Es ist daher, um den Pferden erquickenden Schlaf Theil werden zu lassen, nothwendig, daß:

1) Alles tobende Geräusch beseitiget wird;

2) dieselben mit guter trockener Streu versehen wer=
den; und

3) darauf Bedacht genommen wird, daß die Stände
nicht zu enge sind, und die Pferde nicht zu kurz
angebunden werden, damit sie ausgestreckt mit
liegendem Kopfe 6—8 Stunden des Schlafes
als hinlänglich genug genießen können.

159. Welche Leidenschaften kommen bei Pferden vor und in wie=
ferne sind dieselben zu berücksichtigen?

Zu den Leidenschaften, die bei den Pferden vorkom=
men rechnet man den Zorn, Neid, Furcht, Schrecken, Ge=
schlechtstrieb u. s. w. Werden die Pferde bei diesen vor=
handenen leidenschaftlichen Zuständen zu sehr gereizt, so
können sie leicht in Krankheiten verfallen, es ist da=
her nothwendig, daß dieselben bei solchen Aufregungen
durch gute Behandlung und schonenden Umgang auf
jede mögliche Art zu besänftigen gesucht werden.

G.

Verhaltungsmaßregeln für die Unteroffiziere,

welche sie bei Ausmärschen, Cantonnirungen, Bivouak, Ordonnanzdienst und Remonte=Transporten der Pferde zu beobachten haben.

170. Was hat der Unteroffizier bei Ausmärschen bezüglich der Pferde zu beobachten?

1) Muß er den Gesundheitszustand der zugetheilten Pferde genau untersuchen, ob sie nicht an Druse oder an einer sonstigen inneren Krankheit leiden, daher die gehörige Freß= und Sauflust zeigen, weder äußerlich verwundet sind, noch lahm gehen; 2) muß derselbe das Beschläg genau visitiren, ob keine Nägel fehlen, die Eisen locker oder gebrochen und ob die Stollen nicht schadhaft sind; 3) die Zäumung und Sattelung insoferne genau betrachten, ob Stange und Sattel nicht gebrechlich und richtig gelagert sind, um so viel als möglich Laden= und Sattelbrücken vorzubeugen; 4) ist das zum Putzen und Reinigen der Pferde nothwendige Putzeug nicht zu vergessen und die Brauchbarkeit desselben zu prüfen.

171. Auf was hat der Abtheilungscommandant während des Marsches zu sehen?

1) Daß die Abtheilung, wenn es nicht taktische Ver=

4

hältniße erfordern, nicht übertrieben wird, das heißt
nicht gleich vom Platze oder Quartiere weg in er=
höhter Gangart die Pferde z. B. in Trab versetzt und
so Stundenlang bis zum Unterliegen abgehetzt wer=
den, sondern erst eine Viertel oder halbe Stunde im
Schritte in Bewegung gehalten und dann allmählig
in Trab übergegangen und so höchstens 1—2 Stun=
den Weges in dieser Gangart verweilt und weiter
geritten wird — die letzte halbe Stunde aber, ehe man
in's Quartier kommt, muß zur Abkühlung der Pferde
in langsamer Gangart vorangegangen werden; 2) ist
von 2 zu 2 Stunden mit den Pferden anzuhalten,
damit sie sich ihrer natürlichen Bedürfnisse entledigen
können; 3) sind die Pferde zu stark gegurtet, so kön=
nen sich Blutcongestionen der Leber, der Lungen oder
des Kopfes einstellen, die Thiere werden dann wider=
spänstig, steigen oder gehen nicht mehr vom Platze
und taummeln hin und her und verfallen in Schweiß,
es ist bei solchen Fällen die Sattelgurt nachzulassen,
womit das Uebel in der Regel gehoben ist; 4) wäh=
rend dem Marsche ist besonders auf das Beschläg zu
sehen, ob die Eisen nicht locker oder abgerissen wur=
den, ob keine Nägel fehlen — letzteren Falles muß
dann durch Aufschlagen alter oder neuer Hufeisen, die
der Form und Beschaffenheit des Hufes so viel als
möglich entsprechen, um so durch den einstweiligen
Nothbeschlag die Hüfe vor Zertreten zu schützen, ab=
geholfen werden; 5) ereignet es sich auf dem Marsche,
daß Pferde lahm gehen, so muß der treffende Reiter
absitzen und nachsehen, ob sich keine Steine oder son=
stige fremde Körper in die Hufeisen eingeklemmt ha=
ben, welche sofort beseitiget, oder wenn sich das Pferd

Nägel oder spitzige Körper in die Hornsohle oder den Strahl eingetreten haben, müssen sie ausgezogen und das Pferd geführt werden; 6) wenn in erhöhter Gangart geritten werden muß, wo die Straßen oder Wege über Berge führen, so ist bergauf= und abwärts wo möglich im Schritt zu reiten, indem im Trab und noch mehr im Galopp nicht blos die Pferde auf dem Vordertheil ruinirt werden, sondern selbst bedeutende Satteldrücke durch das Hin= und Herschieben des Sattels und den unruhigen Sitz des Mannes entstehen; 7) werden Berge in verschiedenen Gangarten geritten, wo die Sättel sich lockern und verschieben, so ist wo möglich zu gegebener Zeit Nachzusatteln; 8) wenn der Reitertruppe fremde Pferde oder Fuhrwerke begegnen, so hat sie immer rechts auszuweichen, damit die Pferde von den entgegenkommenden Handpferden nicht geschlagen werden können.

172. Wie sind die Pferde nach dem Eintreffen im Quartier zu behandeln?

1) Ist darauf zu sehen, daß bei ungünstiger Witterung die Pferde so bald als möglich in geschlossene und warme Räume untergebracht und nicht vor Wirths=häusern und der Zugluft ausgesetzten Gassen und Wegen stehen bleiben, hat man aber die betreffenden Stallungen nicht gleich bei der Hand, so führt man die Pferde auf und ab, damit sie sich einstweilen gleich=mäßig abkühlen können; 2) ehe die Ställe von den Pferden bezogen werden, müssen dieselben von dem Inhalte alter Streu oder vorhandenen fremden Gegen=ständen gereiniget, die Fenster geschlossen und sonstige Oeffnungen, die Zugluft verursachen, mit Heu oder Stroh verstopft, Raufen und Baren gereiniget und

4*

zwischen je 2 Pferde Stangen eingelegt werden;
3) sollen in größeren Stallungen, besonders an den
Landstrassen, in großen Wirthschaften, wo öfters Fuhr-
und Handelspferde eingestellt werden, die Baren, Rau-
sen und Getränkgefäße genau untersucht werden, ob keine
schleimigen und eitrigen Flüßigkeiten an denselben ankleben,
oder sonst üble Gerüche vorhanden sind — welches
immer vorausgegangene Krankheiten anzeigt, — solche
Ställe müssen sofort verlassen werden; 4) wenn in
Stallungen fremde Pferde stehen, die Nasenausfluß
oder Drüsenanschwellung im Kehlgange haben, so
dürfen neben diese und in solche Räume keine kgl.
Pferde gestellt werden.

173. Was hat der Unteroffizier während der Bequartier-
ung und Cantonnirung in's Auge zu fassen?

1) Wenn die Pferde in den Stallungen untergebracht sind, so werden sie vom Zaumzeug entlediget,
und mit Stricken oder Halsterketten fest angebunden,
verbleiben aber eine halbe oder ganze Stunde gesat-
telt stehen, wobei die Sattelgurt nachgelassen wird,
die Thüren werden verschlossen und einstweilen die Fourage herbeigeschafft und menagirt; 2) nach Verlauf
dieser Zeit wird mit der Fütterung begonnen, die
Gliedmassen oder sonstigen feuchten Stellen werden
mit Stroh abgerieben und das Putzen und Reinigen
über den Körper wird angefangen, Augen, Geschlechtstheile und Hüfe werden mit frischem Wasser gewaschen;
3) gutes, trockenes Stroh muß als Streu verwendet
und den Tag über aufgemacht bleiben, damit die
Pferde von dem angestrengten Marsche zu jeder Zeit
sich legen und ausruhen können; 4) beim Fouragiren
ist besonders auf schweren, reinen, unverdorbenen tro-

denen Haber und gutes Heu zu sehen; 5) die Futter=
vorräthe dürfen offen nicht liegen bleiben, oder aber
es müssen die Pferde so befestiget sein, daß sie nicht
los werden können, indem sie sich sonst so voll an=
fressen, daß sie oft den gefährlichsten Krankheiten unter=
liegen und zu Grunde gehen; 6) muß besonders da=
rauf gesehen werden, daß der Pferdewärter, in der
Meinung, seinem Pferde etwas zu Gute zu thun, es
bei vorhandenen größeren Futterquantitäten nicht zu
überfüttern sucht, indem derselbe doppelte und breifache
Rationen reicht, wodurch die Pferde in Ueberfütter=
ungskoliken (Indigestionen) verfallen und dadurch leicht
tödtlich erkranken; 7) bei Landbewohnern, die Ein=
quartierung zu tragen haben, sind oftmals Grummet,
gedörrter Klee und im Sommer Grasvorräthe vor=
handen, es darf daher nicht geduldet werden, daß
der einquartierte Soldat, um vielleicht sein Pferd gut
füttern zu wollen, von diesen treffenden Futtergattungen
außer der Futterration, davon füttert, denn dieses
fremdartige Futter, woran die Militärpferde nicht
gewöhnt sind, kann äußerst schädlich werden; 8) da
das Getränk ein Haupterforderniß für Pferde, beson=
ders in warmer Jahreszeit und bei forcirten Märschen
ist, wo sie viel flüßige Bestandtheile des Körpers ver=
lieren, so hat der Unteroffizier sich selbst zu überzeu=
gen, ob auch die Pferde jedesmal getränkt wurden;
denn es ist nicht selten der Fall, daß faule Pferde=
wärter, zumal bei entlegenen Stallungen und bei
Mangel an vorhandenen Geträngefäßen und abge=
legenem frischem reinem Wasser, dieselben die Pferde
entweder gar nicht oder nur sehr sparsam und mit
schlechtem nahegelegenen Wasser tränkten, wo dann die

Pferde beim Durstleiden viel schneller ermatten und
leicht in Krankheiten verfallen; 9) dauert der Aufent=
halt in einem Orte längere Zeit und die Pferde wer=
den zum Dienste nicht verwendet, so müssen sie täg=
lich im Freien durch Reiten im Schritt 1½ bis 2
Stunden lang, Bewegung erhalten; 10) beim Aus=
marsch in der Frühe muß das Pferd genau untersucht
werden, ob es sich nirgends verletzt hat, ob keine
Hufnägel oder Eisen fehlen, ob es nicht lahm
geht; denn in solchen, oft sehr mangelhaften Stall=
ungen können Gebrechen der Art sehr leicht vorkom=
men; 11) wenn durch die vorhandenen militärischen
Verhältniße die Marschbewegungen in der Zeitfolge
sehr unregelmäßig werden und Futterzeiten nicht ein=
zuhalten sind, so muß bei einer großen Zwischenzeit
der Futterstunden auf die Fütterung insoferne Rücksicht
genommen werden, daß nicht zu viel Futter auf ein=
mal den Pferden vorgelegt, sondern nach und nach und
zuerst Langfutter gereicht wird, weil die Thiere zu
gierig freßen, ohne gehörig zu kauen und dadurch in
Indigestionen verfallen und Koliken entstehen; beson=
ders aber hat man sich mit dem Getränk in acht zu
nehmen, indem man die Pferde nur absatzweise und
nicht zuviel auf einmal saufen läßt.

174. Was hat der auf Ordonnanz kommandirte Unter=
offizier und Soldat mit seinem Pferde zu thun?

Der auf Ordonnanzdienst kommandirte Unteroffizier
und Soldat kommt oftmals in Verhältniße, wo er
starke Ritte machen, dann bei Quartieren und auf
dem Felde Rapport erstatten und Depeschen abzugeben
hat und sein Pferd durch die eingehaltene erhöhte
Gangart sehr erhitzt ist; er muß dann dasselbe nach

beendetem Dienste im langsamen Schritte Auf- und
Abführen, oder in ruhiger Gangart zurückreiten und
wo möglich in einem warmen Stall unterbringen und
mit Stroh oder sonstigen wollenen Lappen abreiben,
bedecken und darauf sehen, daß es nicht in Zugluft
zu stehen kommt; auch das Futter und Getränk ist
nach solchen Ritten mit Vorsicht und nur allmählig
dem Pferd zu verabreichen, weil durch Vernachläßigung
dieser Vorsichtsmaßregeln die Pferde nicht selten erkranken und selbst zu Grunde gehen.

175. Was hat der Unteroffizier auf Remontentransporten
zu beobachten?

1) Hat er von der übergebenden Commission die
Remonten zu übernehmen und genau nachzusehen, ob
auch die vorhandenen Pferde nach Assent Nr., Alter,
Farbe, Abzeichen, Geschlecht ꝛc. auch diejenigen es
wirklich sind, die in der Assentirungsliste vorgetragen
wurden; 2) muß er sämmtliche Remonten genau durch-
sehen, ob sie mit keinem Fehler, Gebrechen oder einer
Krankheit behaftet sind — finden sich dergleichen Mängel
vor, so hat er das damit behaftete Pferd zurückzu-
weisen oder den Fehler in die Uebernahmsliste eintra-
gen zu lassen; auch müssen die Pferde gut beschlagen
sein; 3) beim Abmarsche müssen immer die schwäche-
ren oder mit Krankheit behafteten an der Kolonne
vorausgehen, weil sie außerdem durch die schnellere
Gangart der gesunden zu angestrengt werden und
nicht nachkommen können; 4) wo zu rauhe, harte
Wege umgangen werden können und es die vorge-
schriebene Marschroute erlaubt, muß so viel wie möglich weicher Boden zum Marschiren ausgesucht werden;
deßwegen können auch Städte zum Durchmarsche ver-

mieden werden; 5) im Quartier angekommen müssen
die Pferde in gute Ställe untergebracht und die Kran=
ken in die besten, wärmsten und geschlossenen zusam=
mengestellt werden, eine halbe Stunde nach dem Ein=
treffen dürfen sie, nachdem sie vorher einige Handvoll
Heu verzehrt haben, getränkt werden; 6) wenn im
Stall die Kranken und außerdem bei kalter Witterung
die übrigen mit Decken belegt werden, so ist öfters
nachzusehen, ob die Decken und Gurten nicht gedrückt
haben — um dieses zu verhindern müssen Strohbauschen
unter die Gurte gelegt werden; 7) werden Remonten
krank, welche nimmer weiter transportirt werden kön=
nen, so müssen sie der nächsten Militärbehörde, oder
wenn eine solche nicht mehr zu erreichen ist, der Orts=
obrigkeit zur Pflege übergeben werden, welche gegen
die auszuhändigende Nationalbeschreibung eine Ueber=
nahmsbestätigung zu erlassen hat und wird dieselbe
dafür Sorge tragen, daß das Pferd balbigst in ärzt=
liche Behandlung kommt, welcher Vorfall dem Regi=
mente und der nächstgelegenen Militärbehörde zu mel=
den ist; 8) sollte ein Pferd entlaufen, so ist demselben
sogleich nachzusetzen, ist es aber nicht zu bekommen,
so muß ein Grundlistenauszug gefertiget und den
nächstgelegenen Gerichts = und Ortsbehörden mit dem
Ersuchen übersendet werden, das einzufangende Pferd
wo möglich dem Transporte nachzusenden, oder der
nächsten Militärbehörde zu übergeben; 9) geht ein Re=
montepferd mit Tod ab oder mußte wegen eines
Knochenbruches u. dgl. die Tödtung vorgenommen
werden, so ist der Thatbestand durch den behandelnden
Civil=Veterinär=Arzt und die betreffende Ortsbehörde
zu bescheinigen.

176. Welche Sicherheitsmaßregeln sind im Umgange mit Pferden, besonders Remonten, anzuwenden?

Um sich vor Beschädigung böswilliger Pferde und namentlich Remonten, die noch wenig an die geräusch=volle Umgebung beim Militär gewöhnt sind, zu wah=ren und zu schützen, ist erforderlich, daß der Pferdewärter belehrt wird, daß jedes Pferd zwei Stärken und eine Schwäche hat. Einmal beißt und haut das Pferd mit den Vorderfüßen; dann haut es zweitens mit den Hinterfüßen nach vorwärts und schlägt kräftig und schnell nach rückwärts aus. Zwischen diesen beiden Stärken vom Widerriste bis an das Hintertheil ist die Schwäche.

Aus diesem geht für den Wärter hervor:

1) hat sich derselbe immer gegen die schwache Seite gerichtet von vorne dem Pferde mit Vorsicht zu nähern, damit ihn dasselbe früher sehen kann; 2) muß er das Pferd an gewisse Worte gewöhnen, es anrufen, um zu verhindern, daß das furchtsame nicht erschrecke und das boshafte nicht gefährlich werde; 3) laufe er nie rasch von seitwärts oder von hinten zu dem Pferde; 4) nähere er sich nie mit aufgehobener Hand oder Peitsche; 5) berühre er nicht mit der Hand oder Ruthe das Kreuz, ohne das Pferd vorher angeredet zu haben; 6) trete er nicht nahe am Hintertheil um das Pferd herum; 7) krieche er nie unter dem Kopfe durch, um auf die andere Seite zu kommen; 8) wenn er in den Stand geht, so rufe er das Pferd lebhaft an und in dem Augenblicke wo es auf die andere Seite übertritt, gehe er in den Stand und stelle sich neben die vordere Gliedmasse und fasse es mit einem scharfen Blick in's Auge fest bei der Halfter; 9) gehe

5

er nur langsam aus dem Stande hinaus; 10) Pferde, die an die Wand drängen, fasse er fest beim Kopfe, und flüchte sich im Nothfalle in den Nebenstand; 11) Pferde, die beim Putzen oder Satteln beißen, müssen hoch und kurz angebunden werden; 12) beim Vor= führen müssen die Pferde, ohne daß man sie ansieht, mit ausgestrecktem Arm geführt werden; 13) aus und in den Stall müssen sie der Thür in gerader Richtung zugeführt werden; 14) mit dem Hintertheil dürfen sie nie gegen andere Pferde gestellt werden; 15) muß an der Sattelung oder Zäumung der Pferde etwas ge= richtet werden, so müssen die Trensenzügel an den Arm genommen werden; 16) das Beißen lernen junge Pferde, wenn man ihnen an den Lippen oder Nasen= löchern herumspielt und die Hand schnell zurückzieht, daher ist dieses nicht zu dulden; 17) zu vieles Auf= und Abgehen bei mißtrauischen und feurigen Remonten hat leicht zur Folge, daß sie Hin= und Herschwanken und so das sogenannte Webern lernen; 18) auf einem Boden, der Vertiefungen und Gruben hat, gewöhnen sich die Pferde mit den Hinterfüßen auf die Zehen zu stellen, deßhalb muß der Standboden in gutem Zu= stand erhalten werden.

———

II.

Aufſicht und Verhaltungsmaßregeln auf der Beſchlagbrücke.

177. Was hat der auf die Beſchlagſchmiede commandirte Unteroffizier zu beobachten?

Der auf die Beſchlagſchmiede zur Aufſicht comman=
dirte Unteroffizier hat darauf zu ſehen:

1) wenn Pferde auf die Beſchlagſchmiede gebracht
werden, ſind ſie mit einem an der Halfter befeſtigten
Stricke oder der Halfterkette zu befeſtigen und zwar,
daß der Spielraum, den die Pferde vom Befeſtigungs=
punkte entfernt haben, höchſtens 3 Schuhe beträgt
und, daß ſie bei Unfällen leicht und raſch losgemacht
werden können; 2) im Winter müſſen die Pferde mit
Decken vor Kälte, und im Sommer durch Abwehren
mit leinenen Lappen oder eigens in der Schmiede vor=
handenen Roßhaarſchweifen vor Fliegen und Inſecten
geſchützt werden; 3) iſt das Augenmerk darauf zu richten,
daß wenn mehrere Pferde zugleich auf der Beſchlagbrücke
ſind, dieſelben ſo geſtellt und befeſtigt werden, damit
ſie ſich gegenſeitig durch Schlagen und Beißen nicht
beſchädigen können; 4) Pferde, welche beim Anbinden

5*

sich widerspenstig zeigen, sollen durch einen zweiten
Gehilfen frei gehalten werden, wobei der Pferdskopf
nach der Seite des zu beschlagenden Fußes gestellt
wird; 5) müssen die Füße des Pferdes von dem Ge=
hilfen ruhig und vorsichtig aufgehoben und darf das
fehlerhafte Verfahren nicht geduldet werden, die Füße
so lange in die Höhe zu halten, bis der Schmied das
Eisen gerichtet und aufgeschlagen hat, sondern diesel=
ben muß man abwechselnd auf den Boden niedertreten
lassen; 6) ist das kunstgerechte und regelmäßige Auf=
heben der Gliedmassen dem unerfahrenen oder unge=
schickten Soldaten anzuweisen und darüber zu wachen,
daß weder der Mann durch ungeschickte Stellung oder
fehlerhaftes Aufhalten geschlagen, gebissen, noch das
Pferd beschädiget werden kann; dann muß beim Auf=
heben immer die Größe des Pferdes mit der des auf=
zuhebenden Mannes berücksichtiget werden, damit durch
zu hohes Aufheben die Sehnen und Bänder der Füße
nicht zu schmerzhaft angespannt werden; 7) dürfen
weder das Huf= oder Wirkmesser, Hufnägel oder son=
stige spitzige Körper auf der Beschlagschmiede liegen,
weil die Pferde bei entblößten Hüfen sich leicht be=
schädigen können; 8) Mißhandlungen der Pferde durch
Reißen und Schnellen mit dem Zaume, Schlagen mit
den Trensenzügeln, den Halfterketten, Besenstielen u.
s. w. dürfen nicht geduldet werden.

178. Worin besteht das regelmäßige Aufheben der Vorder=
füße?

Soll der rechte Vorderfuß aufgehoben werden, so
stellt sich der Aufhalter mit seiner linken Schulter ge=
gen die rechte des Pferdes, das Gesicht gegen den
Pferdskopf gerichtet, die Füße beisammen. Mit der

linken Hand stützt er sich an die Schulter oder er-
faßt die Mähne und steht so weit entfernt, daß er
weder gebissen noch gehauen werden kann. Nun macht
er Front gegen das Pferd und fährt mit der flachen
rechten Hand, den Daumen aufwärts, vom Knie
bis zum Feßel abwärts. Um nun den Fuß zu heben,
läßt er den aufwärts stehenden Daumen nach rückwärts sinken, hebt den Fuß nach vorwärts und schiebt
mit der linken Hand die Schwere des Pferdes auf die
linke Seite, der nun vorwärts gehobene Fuß wird der-
gestalt nach rückwärts gebogen und gehoben, daß die
Ferse gegen den Ellnbogen des Pferdes zu stehen kommt,
nun macht er eine Viertelswendung links, bringt seinen
rechten Schenkel unter das Knie des Pferdes und setzt
seinen linken Fuß als Stütze des eigenen Körpers zurück; der Feßel wird nun mit beiden Händen, die
Daumen oben nebeneinander umfaßt, und das Aufheben ist beendigt.

Beim Niedersetzen hat der Gehilfe mit der linken
Hand die Feßel zu verlassen und den vorigen Stützpunkt an der Schulter zu nehmen, der linke Fuß wird
an den rechten herangezogen, eine Viertelswendung
rechts gemacht und mit der rechten Hand der Fuß allmählig auf den Boden niedergelassen. Das Aufheben
des linken Fußes hat entgegengesetzt zu geschehen.

179. Wie werden die Hinterfüße aufgehoben?

Beim Aufheben des rechten hintern Fußes stellt sich
der Gehilfe der Hüfte gegenüber, stützt sich mit der
rechten Hand an dieselbe, um das Pferd von sich zu
halten und die Schwere desselben auf die andere Seite
zu bringen. Mit der flachen linken Hand fährt er nun nach

und nach über das Hintertheil an dem Schenkel herab,
bis er an den Feßel gelangt, hebt dann den Fuß durch
einen sanften Druck nach vorwärts unter den Bauch,
nun dreht er die linke Hand einwärts, daß der Daumen
abwärts und der kleine Finger etwas aufwärts zu
stehen kommt, hebt dann den Fuß nach rückwärts und
wendet sich langsam links und berührt mit seinem
rechten Schenkel jenen des Pferdes. Die rechte Hand
zieht er nun von der Hüfte weg, legt den rech=
ten Arm über das Sprunggelenk nach innen und
umfaßt mit beiden Händen den Feßel wie bei dem
Vorderfuß; sein linker Fuß tritt etwas nach außen und
rückwärts und ruht hauptsächlich auf dem vorderen
Theile der Sohle.

Beim Niederlassen dieses Fußes läßt der Aufhalter
seine rechte Hand zuerst los, ergreift mit derselben den
Schweif des Pferdes, stellt seine Füße einen Schritt
entfernt zur Seite und läßt dann den Fuß des Thieres
sinken. Das Aufheben und Niederlassen des linken
Hinterfußes geht in der umgekehrten Ordnung vor sich.

Es müssen bei dem Aufheben und Niederlassen der
Hinterfüße besonders das Kron= Feßel= und Sprung=
gelenk abgebogen werden, damit die oft hartnäckige
Widerstandsfähigkeit und Gewalt in diesen Theilen des
Pferdes gebrochen und dasselbe fügsam gemacht wird.

180. Welche Besänftigungsmittel können bei charakterbösen
oder an das Beschlagen noch nicht gewöhnten Pferden an=
gewendet werden?

1) Muß man sich mit solchen Pferden vertraut zu
machen suchen — zu diesem Zwecke stellt man sich ge=
rade vor das Pferd, nimmt die Trensenzügel in die
Hände, richtet den Kopf in die Höhe und fixirt den=

selben — Aug gegen Aug — redet es mit lebhaften
Worten an und sucht es nach erlangter Beruhigung
durch Bestreichen am Kopfe, unter dem Haarschopfe,
über die Augenbogen, Nase u. s. w. zu beschwichtigen,
damit die Aufmerksamkeit von den zu beschlagenden
Füßen abgeleitet und auf sich gelenkt wird; 2) kann
man solchen Pferden Haber oder Heufutter vorlegen
lassen, damit sie sich mit Fressen beschäftigen können;
3) beim Beschlagen furchtsamer junger Pferde müssen
die überflüßigen Personen von der Beschlagschmiede
entfernt und der Aufhalter darauf aufmerksam gemacht
werden, daß er das Pferd durch Betasten und Bestreichen vom Widerriste und der Kruppe an, abwärts
über die Gliedmassen, und durch Zureden sich mit
demselben vertraut zu machen sucht; 4) Pferde, welche
aus Furcht vor den geräuschvollen Gegenständen auf und
in der Schmiede, als Hämmern, Blasbalggeräusch,
Feuerung u. s. w. sich nicht beruhigen oder beschlagen
lassen, können auf einem geräuschlosen Platze oder im
Stalle beschlagen werden; 5) beißen Pferde, so legt
man denselben einen Maulkorb an; steigen sie, so
wende man einen Steigriemen an, oder bindet sie mit
dem Kopfe tief und kurz an; 6) wenn Pferde wegen
Schüchternheit nicht gerne auf die Beschlagbrücke gebracht werden können, so läßt man ein gutwilliges
Pferd vorangehen, oder das widerstrebende Pferd wird
rückwärts oder selbst mit verbundenen Augen einge-
führt; 7) wenn charakterböse, widerspenstige Pferde
sich dennoch nicht beschlagen lassen, so kann man die
einfache Bremse an die Oberlippe anlegen, welche aber
von Zeit zu Zeit gelüftet und bald wieder abgenommen werden muß.

Andere Zwangsmittel, wie der Kappzaum, die Peitsche, die Nothwand, das Abwerfen, Hunger, Ermüdung durch Bewegung, 2c. dürfen nur unter Aufsicht zur Anwendung kommen, weil durch dieselben die Pferde nicht gebessert, sondern erst gründlich verdorben werden.